RECUEIL DE DÉCORATIONS INTÉRIEURES

Percier et Fontaine

L'Aventurine

SOMMAIRE

AVANT-PROPOS

En 1801, Charles Percier et François Léonard Fontaine font paraître *Recueil de décorations intérieures.* Cet ouvrage sera d'une importance capitale quant à la définition du style décoratif de la première moitié du XIXe siècle dont il jette les bases. Mais au-delà de l'effet de mode qu'il suscitera, largement renforcé par les découvertes faites lors des campagnes d'Italie et l'expédition en Égypte de Napoléon Bonaparte, cet ouvrage a une grande importance dans l'histoire du style. En effet, pour la première fois, l'assujettissement de la forme à la fonction y est clairement énoncé. En outre, la pléthore ornementale à laquelle ces deux artistes laissent libre cours ne sera pas sans influencer des générations successives de créateurs, y compris de créateurs du XXe siècle.

Nous reproduisons ici intégralement et fidèlement les textes de Percier et Fontaine, ainsi que les soixante-douze planches qui composent ce recueil.

L'Éditeur

DISCOURS PRÉLIMINAIRE

En présentant au public ce recueil de meubles et de décorations d'intérieur qui composent cet ouvrage, et dont les originaux ont été, à diverses époques, exécutés sur nos dessins, nous sommes fort éloignés de prétendre offrir aux artistes des modèles à imiter. Notre ambition serait satisfaite, si nous pouvions nous flatter d'avoir concouru à répandre et à maintenir dans une matière aussi variable, aussi soumise aux vicissitudes de l'opinion et du caprice, les principes de goût que nous avons puisés dans l'antiquité, et que nous croyons liés, quoique par une chaîne moins aperçue à ces lois générales du vrai, du simple, du beau, qui devraient régir éternellement toutes les productions du règne de l'imitation.

La théorie du goût ne saurait séparer dans cet empire les plus légers produits de l'art de ses plus vastes ouvrages. Un nœud commun les rassemble. Une active et réciproque influence s'exerce entre eux. Quelle que soit la manière d'imiter et de faire qui domine dans un temps ou dans un pays, l'œil éclairé du connaisseur en distingue, en suit l'effet et les conséquences dans les plus grandes entreprises de l'art de peindre, de sculpter et de bâtir, comme dans les moindres œuvres des arts industriels, qui se mêlent à tous les besoins et à toutes les jouissances de l'état social.

Qui est-ce qui ne distingue pas la direction de l'esprit et du goût de chaque période par les détails des ustensiles domestiques, des objets de luxe ou de nécessité auxquels involontairement l'ouvrier donna l'empreinte des formes, des contours et des types en usage de son temps ? Ne comptons nous pas les générations, si l'on peut dire, par les formes des tables, des chaises, des meubles, des tapisseries ? Le génie de Raphaël ne se fait-il pas remarquer dans tous les objets d'ornement qui reçurent son influence ? Quel amateur ne paie pas chèrement tous ces restes épars du goût du XVIe siècle, ce siècle qui, après une longue stérilité parut-être une sorte de rejet de l'antiquité, et que les siècles suivants, malgré tous les efforts de l'esprit novateur, ont égalé d'autant moins, qu'ils ont cru l'avoir surpassé ? Trois ou quatre périodes de goût, de manière et de style, se sont succédées depuis, et toujours les formes de l'ameublement se sont trouvées dans un accord parfait avec le génie qui présidait aux inventions de l'architecte, du sculpteur et du peintre.

L'orfèvrerie du siècle de Louis XIV est empreinte du goût de Le Brun. L'armoire et le guéridon de Boule ont les contours, les profils et les cartels de Mansard. Le XVIIIe siècle fait reconnaître son goût mesquin, faux et insignifiant dans les dorures de ses boiseries, dans les contours de ses glaces, dans le chantourné de ses dessus de portes, de ses voitures, etc., comme dans les plans mixtilignes de ses bâtiments et le maniéré des compositions de ses peintres.

Cependant, la fin de ce siècle, par une réunion de causes inutiles à décrire ici, vit son goût non seulement changer, mais passer assez brusquement d'un extrême à l'autre.

L'architecture, qui, en général, donne le ton aux autres arts, et surtout à ceux de la décoration fatiguée, si l'on peut dire, de toutes les innovations par lesquelles on avait cru depuis deux siècles étendre son empire, se trouva ramenée à la simplicité du goût antique, et même du plus antique chez les Grecs.

Le grand nombre de temples d'ordre dorique sans base, que les découvertes des voyageurs firent reparaître, produisit sur cet art une sorte de révolution subite. Avant que ces monuments fussent bien connus, on les regardait comme étant ceux de l'enfance de l'art. Lorsqu'on les eut mieux vus, on les tint pour être d'une architecture bonne à appliquer seulement à des édifices d'un genre lourd et vulgaire. Mais lorsqu'on sut qu'il s'en trouvait de telle dans toute la Grèce, et à des temples du plus bel âge, ce fut un jugement contraire. Le goût à la grecque était devenu de mode, on mit le dorique sans base à tout. Bientôt les nombreuses découvertes en tout genre d'antiquité, firent abjurer les formes et le goût qui avaient dominé depuis longtemps.

On s'aperçut que ce qu'on vient de dire sur la liaison qui unit les ouvrages de l'art à ceux de l'industrie s'était aussi réalisé chez les anciens : on recueillit les moindres fragments de leurs ustensiles, de leurs meubles, de leurs peintures, de leurs ornements. Les fouilles faites dans les villes d'Herculanum et de Pompéia, en restituant une multitude d'objets qui avaient autrefois fait partie de l'ameublement et de la décoration intérieure des maisons, augmentèrent de plus en plus ce goût d'imitation de l'antique. Tout cela concourut, avec le changement opéré dans l'architecture, à réformer les pratiques de l'ameublement moderne. Des lignes simples, des contours purs, des formes correctes, remplacèrent le mixtiligne, le contourné et l'irrégulier.

Les découvertes dont on vient de parler répandirent d'autant plus rapidement le goût de l'antiquité, que la gravure servit à multiplier les dessins de ces monuments, grands ou petits. Ces recueils de gravure pénétrèrent dans tous les ateliers des arts industriels, et les moindres inventions du goût ancien, devenant la propriété de quiconque cherchait à rajeunir les produits de son travail, l'antique parvint à être la source la plus féconde pour le génie de la mode.

Si l'on s'étonne quelquefois de la multiplicité des objets d'art et de goût, que le temps et la destruction n'ont pu soustraire à l'héritage de l'antiquité, on est bientôt porté à s'étonner encore plus de l'immensité des pertes que nous avons faites. Sans les villes d'Herculanum, et de Pompéia, que saurait-on des détails d'art domestique des anciens, de leurs meubles, du goût d'ornement de leurs intérieurs, de la disposition de leurs maisons, des habitudes de leur luxe ? Les villes d'origine grecque participaient encore, lors de leur destruction, aux usages de la Grèce. On y trouve des nuances de style, des délicatesses d'ornement qui tiennent plus au goût grec qu'au luxe romain. Déjà cependant certaines bizarreries semblent indiquer un âge où le simple était passé de mode, où l'artiste obéissait moins aux inspirations de la nature qu'au besoin de flatter par des nouveautés un esprit qui commençait à être rassasié du vrai beau.

Combien n'est-il pas à regretter que de semblables découvertes n'aient pu se faire dans la Grèce même, et de manière à pouvoir nous faire saisir ce que devait être le goût de l'ameublement dans quelques unes des ses villes principales et à une des belles époques de ses arts ?

L'art de la gravure, qui, comme celui de l'imprimerie, a la propriété de multiplier les ouvrages, aura peut-être aussi l'avantage de les rendre impérissables. Mais un autre bienfait de cet art, c'est de fixer par des recueils d'estampes une multitude de choses qui par leur nature sont temporaires et sont condamnées à ne laisser que des souvenirs dont aucune tradition même ne peut garantir la durée.

Les grands ouvrages de l'art peuvent seuls franchir de grands intervalles de temps. Mais comment perpétuer la mémoire de ce qu'on appelle le goût d'un pays et d'un siècle, appliqué à cette multitude innombrable d'objets qui se renouvellent sans cesse, qui tiennent à des matières légères ou fragiles, et dans lesquelles se peignent si bien le caractère, les mœurs, et les opinions. Ce que nous entendons sous le nom d'ameublement entre dans cette classe de productions plus ou moins fugitives.

Si depuis l'invention de la gravure on eût employé cet art à recueillir et à transmettre toutes les inventions du genre dont nous parlons, avec quel plaisir ne parcourrait-on pas, dans un espace de trois siècles, la marche de l'esprit et du goût appliqués à ces ouvrages ? Avec quel intérêt ne suivrait-on pas dans leurs vicissitudes les efforts du génie tournant sans cesse dans une sorte de cercle, se trompant si souvent au mouvement même qu'il reçoit et imprime tour à tour, s'imaginant qu'il monte parce qu'il va plus loin, et revenant sans s'en apercevoir, au point dont il était parti.

La gravure ne donne que des idées imparfaites des chefs-d'œuvre de l'imitation ; et bien qu'on ne doive pas à cet égard dédaigner les moyens de conservation qu'elle offre, on conviendra cependant que les objets de goût, de luxe et d'ornement qui nous occupent, peuvent recevoir de cet art de bien plus grands services.

C'est donc en partie sous ce rapport que nous avons cru utile d'employer la gravure à recueillir ceux de nos travaux dans le genre de l'ameublement, qui, soit par l'importance de leur destination, soit par le rang de ceux qui les ont commandés, peuvent être regardés comme propres à attester la manière de voir, de composer, et d'orner, de la période présente.

Si cet exemple peut encourager d'autres artistes à confier ainsi à la gravure les travaux dont ils auront eu la direction, nous pourrons nous flatter d'avoir commencé des espèces d'annales du goût de notre génération en cette partie.

Mais, comme nous l'avons déjà donné à entendre, un autre point de vue a fixé nos regards en publiant ce recueil. On peut, dans les ouvrages d'ornement, et de décoration, séparer et considérer d'une manière distincte l'espèce et le genre. Le genre ne nous appartient point, il est tout aux anciens ; et comme notre seul mérite serait d'avoir su y conformer nos inventions, notre véritable but, en leur donnant de la publicité, est de faire tout ce qui est en notre pouvoir, pour empêcher que la manie d'innover ne corrompe ou ne détruise des principes d'après lesquels d'autres feront sans doute mieux que nous.

Malgré l'espèce d'empire que le goût de l'antique semble avoir pris depuis quelques années, nous ne pouvons nous dissimuler qu'il ne doive en grande partie cet ascendant au pouvoir que la mode exerce chez les peuples modernes.

Le pouvoir de la mode, ce grand recteur des ouvrages des arts, doit son influence à trois causes, l'une morale, et qui tient à l'amour du changement propre à l'esprit humain ; l'autre sociale, et qui dépend des habitudes de nos sociétés, où le commerce des deux sexes et la fréquentation ainsi que la réunion des personnes dans la seule vue du plaisir, influent d'une manière très active sur le désir de plaire ; la troisième est commerciale ; elle se lie à l'intérêt qu'ont tous les ouvriers de faire *vieillir* les objets de luxe, pour en renouveler plus souvent les produits, et augmenter leur débit.

De ces trois causes, il nous paraît que la première, qui est générale, est la seule dont on retrouve l'action chez les anciens. Mais cette action, il faut le dire, n'y produisit pas les mêmes effets.

L'amour du changement est tellement inhérent à l'esprit humain, que les arts, loin de se considérer comme capables d'y résister, sont précisément les ministres les plus dévoués de cette inclination naturelle. Mais il y a deux manières de flatter ce penchant : l'une consiste à conserver dans tout objet ce qui en est le type originaire, le principe, ou la raison nécessaire, et à varier, sans blesser le fond, les formes accessoires, les détails, les circonstances, de manière que l'essentiel soit invariable, et que l'accidentel seul change. Ce fut la manière des anciens dans tous leurs ouvrages, depuis les plus grands jusqu'aux plus petits, depuis le temple jusqu'aux vases d'argile. L'autre manière consiste dans l'arbitraire le plus absolu, et elle s'exerce plus encore sur le fond que sur sa forme, plus sur le principal que sur les accessoires. C'est là le caractère du goût des modernes, qui, possédés en tout genre d'une incroyable manie de changement, n'ont cherché dans toutes les parties des arts qu'à faire autrement qu'on avait fait, sans s'inquiéter des raisons fondamentales, des principes naturels, et des lois que la convenance prescrit à chaque chose. Cette manie de changement ne tient plus à la cause universelle de la nature de notre esprit, ni à ce besoin de variété qui est lui-même le principe fécond de son activité. Il en faut chercher la source dans les deux autres principes que nous avons indiqués.

La manière d'être et l'habitude des sociétés modernes, qui mettent tous les individus en spectacle dans les lieux de promenade, de conversation, de jeux, et de plaisir, ont éveillé au plus haut point l'envie de plaire d'une part, et le désir de se distinguer de l'autre. De là cet empire de la mode dans tout ce qui tient à l'habillement, à la parure, et aux manières ; de là cette action toujours renaissante qui porte le grand nombre à imiter le petit nombre qui donne le ton, et le petit nombre à quitter l'usage dès qu'il devient général. Le ridicule est l'arme de la mode ; et cette arme a d'autant plus de force, que le nombre des spectateurs est plus considérable. Et comme pour les esprits sensés, le ridicule ne vaut la peine ni d'être évité, ni d'être affronté, le cours de la mode n'éprouve pas de résistance. Chacun y cède plus ou moins promptement, et l'on s'y conforme dans une multitude de choses qui, de près ou de loin, attaquent l'imitation du vrai et du beau.

Plus le goût et les plaisirs de ce qu'on appelle maintenant *société* se sont accrus, plus l'action de la mode a étendu son pouvoir, et il n'en est presque rien dans l'intérieur des maisons qui n'y soit subordonné. La décoration et l'ameublement deviennent aux maisons ce que les habits sont aux personnes : tout en ce genre vieillit aussi, et dans un petit nombre d'années passe pour être suranné et ridicule. Les arts industriels, qui concourent avec l'architecture à l'embellissement des édifices, reçoivent de l'esprit de mode la même impulsion, et aucune sorte de beauté ou de talent ne peut assurer à tous ces objets de goût d'autre durée que l'intervalle de temps nécessaire pour leur trouver un goût nouveau qui les remplace.

Nous laisserons à tirer pour les autres arts d'imitation les conséquences qui peuvent les atteindre sous l'influence d'une telle domination. Mais personne ne contestera que l'architecture n'en doive être affectée la première et de la manière la plus directe.

Les modèles de cet art n'ont point dans la nature le positif, le réel et le matériel qui sont propres à ceux de la sculpture ou de la peinture ;

et quoique les modèles sensibles de ces arts puissent toujours être atteints par l'esprit de mode, non pas en eux-mêmes, mais dans la manière de les voir et dans celle de les imiter, il arrivera cependant que les défauts d'imitation seront plus facilement dénoncés par le parallèle de la nature.

Mais ce qui dans la nature est le modèle de l'architecture réside dans une région abstraite et analogique qui n'est accessible qu'à l'intelligence, à la raison, au sentiment. L'architecture n'imite la nature qu'en faisant comme elle : ses raisons, ses convenances, ses rapports avec la fin proposée, sont les vrais modèles de cet art.

Faire tout par une raison, faire tout de manière que cette raison soit à découvert, et justifie l'emploi des moyens est le premier principe de l'architecture.

Cependant le premier principe de la mode est de faire autrement ; et non seulement ce goût ne se conduit dans les ouvrages par aucun rapport avec la fin de l'ouvrage, mais il se plaît le plus souvent à la contredire. Les formes ou les besoins du corps ne sont pas la raison des formes des habits ; car on ne s'habille pas pour se vêtir, mais pour se parer. Les meubles ne se font en vertu d'aucune nécessité qui en prescrive la forme. On passe du droit au tortu, du simple au composé et vice versa. Ceci n'est que trop l'histoire de l'architecture moderne et de ses vicissitudes.

Quoique nous ayons avancé que cet art est revenu depuis quelques années à des principes plus sages, nous sommes loin de nous flatter qu'on puisse l'y fixer.

Pour prouver que ce retour à un meilleur goût est dû en grande partie au pouvoir de la mode, il ne s'agit que de considérer, dans tout ce qui nous entoure, l'abus désordonné que l'on fait des plus belles formes, des plus belles inventions, dans les sujets qui les comportent le moins.

Si, par exemple, des sphinx, des termes à l'égyptienne, peuvent convenir par la sévérité de leurs formes et par leur sens allégorique à tel ou tel emploi dans certains objets de l'architecture ou de l'ameublement, avant peu l'on verra toutes les enseignes, tous les dessus de portes à l'égyptienne. Si les légèretés de l'arabesque et ses idées badines conviennent à de petits compartiments, et s'accordent avec des pièces dont l'étendue comme le caractère ne demandent que de la gaieté ; bientôt, si la mode s'empare de ce goût, l'arabesque deviendra l'ornement universel. Ainsi l'on a vu l'ordre dorique sans base affecté aux temples, devenir l'ordre des boutiques, des corps-degarde, et de tout ce qu'il y a de plus vulgaire en édifices.

Ce qui généralise ainsi les inventions et les formes des ouvrages, ce n'est ni un sentiment plus juste, ni un goût plus généralement éclairé : on n'en veut par aucune raison que celle qui fait vouloir la coupe d'habit ou de coiffure du jour. On ne veut pas ces choses parce qu'on les trouve belles ; mais on les trouve belles parce qu'on les veut : aussi leur arrive-t-il promptement de subir le sort de tous les produits de la mode. L'industrie s'en empare, les reproduit de mille façons économiques, les met à la portée des moindres fortunes. Toutes les sortes de falsifications dénaturent leur valeur. Le plâtre tient lieu de marbre, le papier joue la peinture, le carton imite les travaux du ciseau, le verre se substitue aux pierres précieuses, la tôle remplace les métaux, les vernis contrefont les porphyres. De là résulte un premier abus, qui procède de l'esprit même de la mode, c'est de rendre vil ce qui devient commun, c'est de déprécier rapidement dans l'opinion, des choses que l'on trouve prostituées aux emplois les plus vulgaires ; car rien ne peut empêcher que les plus beaux ouvrages ne perdent ainsi une partie de leur beauté. Cet effet arriverait aux ouvrages mêmes de la nature ; et si parmi eux la beauté était plus commune, on ne peut s'empêcher de croire que notre âme serait moins affectée, moins touchée de son charme.

Mais l'abus le plus grave attaché à la prostitution qu'on ne cesse de faire des inventions de l'art et du goût, c'est de leur enlever par l'économie du travail, par la contrefaçon, des matières, et par des procédés méthodiques ou mécaniques, cette perfection d'exécution, ce fini précieux, cette touche d'un sentiment original, que la théorie seule sépare de la conception et de l'invention, mais qui véritablement en est inséparable. L'habitude de voir une multitude d'objets d'art faits par une routine ouvrière, produits par des patrons, par des moules, jette promptement le discrédit sur le genre même. On ne se donne plus la peine de distinguer le travail original du goût d'avec le travail servile de la routine. Une défaveur universelle condamne bientôt à l'oubli les meilleures inventions, et l'artiste le plus éclairé, entraîné lui-même par ce sentiment, craindra d'être taxé de stérilité, s'il reproduit dans ses ouvrages des compositions dont tous les yeux sont fatigués.

Cependant on se flatterait en vain de trouver des formes préférables à celles que les anciens nous ont transmises, tant dans les arts du génie que dans ceux de la décoration et de l'industrie. Ce n'est pas qu'on doive toujours attribuer leur supériorité dans chaque genre à la puissance de l'imagination ou du talent. Il nous paraît que dans un grand nombre de parties on voit régner chez eux le pouvoir de la raison, et la raison est plus qu'on ne pense le génie de l'architecture, de l'ornement et de l'ameublement. La raison est aussi ce qui tient lieu de nature à ces arts. Suivre la nature dans cette multitude d'objets qu'on comprend sous le nom d'ameublement, c'est savoir suivre avec les ordres du besoin les inspirations du plaisir ; c'est faire que le nécessaire ne soit jamais sacrifié à l'agréable, qu'il devienne même agréable, sans qu'on aperçoive la prétention à le devenir. La nature, c'est-à-dire le vrai modèle de chaque objet, de chaque meuble, de chaque ustensile est pour l'artiste cette raison d'utilité, de commodité qu'enseigne son emploi. Entre toutes les façons d'un siège, par exemple, il en est qui sont dictées par la forme de notre corps, par des rapports de nécessité ou de commodité, tellement sensibles que l'instinct seul nous les ferait trouver. Voilà la nature en ce genre. Que reste-t-il à faire à l'art ? d'épurer les formes dictées par les convenances, de les combiner avec les contours les plus simples, et de faire naître de ces données naturelles les motifs d'ornement qui s'adapteront à la forme essentielle sans jamais déguiser son type, ni dénaturer le principe qui leur donna naissance. Cependant combien de fois n'a-t-on pas vu l'ornement, appliqué sur un membre, prendre la place du membre même, des rinceaux substitués aux corps dont ils étaient l'accessoire, supporter contre toute sorte de vraisemblance, ce qui devait l'être par des parties solides. Si l'on jette un coup d'œil sur ces mille et mille sortes de pendules, productions nées sans un véritable auteur, et semblables à ces plantes parasites dont l'abondance égale l'inutilité, on se convaincra de tout ce que peut engendrer de ridicule l'esprit de la mode, c'est-à-dire cet esprit qui ne consulte ni la nature ni la raison.

Cet esprit est l'ennemi naturel de tous les arts qui n'ont point de modèle d'imitation palpable, sensible, et dont la raison est le vrai régulateur. Il s'y introduit avec les armes du scepticisme et du paradoxe, et lorsqu'il est parvenu à y établir le plaisir comme le but unique auquel tout doit se rapporter, les idées d'ordre et de règle disparaissent ; l'anarchie du caprice régit alors toutes les productions des arts subordonnés à l'art de bâtir.

S'il importe donc à ces arts, que l'architecture conserve ses principes, ses règles et sa pureté, il n'importe pas moins à l'architecture de maintenir dans les maximes d'un goût fondé en raison les formes, les inventions, les compositions de tous les objets qui partagent avec elle le soin d'embellir la société et d'en accroître les jouissances. Nous pensons que sous ce rapport de correspondance qui existe entre l'architecture et l'ameublement, non seulement l'architecte doit se garder d'en abandonner la direction à la routine des ouvriers, mais que, par intérêt pour l'art et pour son propre honneur, il ne saurait trop soigner une partie dont le bon ou le mauvais emploi réagit sur le sort même de l'architecture.

L'ameublement se lie de trop près à la décoration des intérieurs pour que l'architecte puisse y être indifférent. L'esprit de la décoration, séparé de celui de la construction et opérant sans concert avec lui, se fera un jeu de toutes les sortes d'absurdités et de contre-sens : non seulement il pervertira les formes essentielles de l'édifice, mais il les fera disparaître. Des glaces indiscrètement posées, des tapisseries maladroitement attachées produiront des vides où il faudrait des pleins, et des pleins où il faudrait des vides.

La construction est dans les édifices ce que l'ossature est au corps humain. On doit l'embellir sans la masquer entièrement. C'est la construction qui, selon les pays, les climats, les genres d'édifices, donne le motif des ornements. La construction et la décoration sont dans un rapport intime ; et si elles cessent de le paraître, il y a un vice dans l'ensemble.

L'exécution de l'ouvrage, quelles que soient son étendue et son importance sera de nul effet pour l'esprit si la construction n'a pas prévu l'embellissement, si la forme première ne semble pas d'accord avec son accessoire, si enfin on s'aperçoit que deux volontés sans accord entre elles ont concouru à l'achèvement de l'ouvrage.

Plus nous aurons réussi à prouver qu'il n'y a rien d'indifférent dans le domaine des arts ; que le bon goût et les principes du beau doivent se montrer dans les plus petites productions de l'imitation, comme dans les plus importantes, et que de leur accord mutuel résultent leur force et leur succès communs, plus nous avons lieu de croire qu'on nous pardonnera d'avoir tenté, par la publicité que nous donnons aux détails d'ameublement qui composent ce recueil, de maintenir le goût qui nous a servi de guide.

Nous le répétons, notre intention est moins de produire dans cet ouvrage le fruit de nos travaux, que de concourir par notre exemple, à lutter contre l'esprit de mode qui dédaigne ce qui est parce qu'il a été, et contre l'esprit d'innovation qui n'admire que ce qui n'a pas encore été.

Ce n'est pas une aveugle admiration qui nous porte à vanter le goût et le style de l'antiquité, auquel nous avons tâché de conformer nos compositions. Si le concert de tous ces âges et de tous ces hommes éclairés s'accorde à donner le prix aux anciens, dans ce qui tient à l'imagination et au sentiment du vrai, et si nous professons hautement qu'ils sont en cela nos maîtres, nous reconnaissons en même temps que chez nous la science a souvent dédommagé des fautes de l'art. En fait d'exécution sur beaucoup de points les arts industriels des modernes ont acquis, et doivent encore acquérir de quoi surpasser ceux des anciens. Tout ce qui dépend de l'expérience ne peut que se perfectionner par le temps, et surtout par les applications que les arts reçoivent des sciences physiques.

À l'appui de ce qu'on avance, il suffira de citer les ouvrages de serrurerie, les glaces, les verreries employées dans nos décorations intérieures.

La France, et surtout sa ville capitale, possèdent en matières propres à embellir les habitations, des ressources infinies, et le commerce y fait arriver en bois, en pierres, etc., tous les matériaux que l'industrie et le goût peuvent désirer. Les nombreuses manufactures de verreries, de métaux, de porcelaines que Paris possède, ou dont cette ville est entourée, y entretiennent une foule d'ouvriers habiles ; mais leur talent a besoin d'être dirigé par le bon goût.

Si l'étude de l'antiquité venait à être négligée, bientôt toutes les productions industrielles perdraient ce régulateur, qui seul peut donner à leurs ornements la meilleure direction, qui prescrit en quelque sorte à chaque matière les limites dans lesquelles doivent se resserrer ses prétentions à plaire, qui indique à l'artiste le meilleur emploi des formes, et fixe leurs variétés dans un cercle qu'elles ne devraient jamais franchir.

Par exemple, la matière dont se font les vases de porcelaine a par elle-même une beauté et une valeur telles qu'elles devraient imposer à l'artiste la loi de ne point la cacher, comme cela se pratique, sous des enduits menteurs qui, loin d'en augmenter, en diminuent le prix pour l'homme de goût. À quoi servent les dorures dont on couvre tous ces vases ? Veut-on faire croire que c'est de l'orfèvrerie ? La supercherie est maladroite, car jamais la porcelaine dorée n'aura la finesse et le précieux de l'or. Elle perd son mérite propre, sans acquérir pour les yeux celui du métal.

Que de ridicules le bon goût, disons mieux, le bon sens n'aurait-il pas à relever dans les nouvelles manières de l'art d'orner les faïences et les porcelaines ! Tous ces tableaux en miniature, tous ces paysages, toutes ces perspectives dans le creux de nos assiettes ne sont qu'un faux emploi de l'art de décorer.

On en dira autant de ces sièges dont les banquettes et les dossiers sont des tableaux d'histoire. Tous ces contre-sens ne sont que des produits de la mode, dont la seule règle est de n'en connaître aucune, dont la seule raison est de n'avoir à rendre raison de rien.

Persuadés que cette maladie, qui est celle du goût moderne, et qui attaque les productions de tous les arts, doit trouver son traitement et ses remèdes dans les exemples et les modèles de l'antiquité, suivis non en aveugle, mais avec le discernement que les mœurs, les usages, les matériaux modernes comportent, nous nous sommes efforcés d'imiter l'antique dans son esprit, ses principes, et ses maximes, qui sont de tous les temps. Nous n'avons jamais eu la fantaisie de faire du grec pour être à la grecque. Nous avons cru qu'on devait distinguer dans la décoration, les objets de l'ornement des raisons de l'ornement ; et, convaincus que ces raisons sont universelles et éternelles, nous n'avons aspiré qu'à l'honneur d'en affermir l'autorité.

Les différents ouvrages qui forment cette collection offriront sans doute plus d'un sujet de censure. L'exposé que nous venons de faire de nos principes et de nos motifs nous servira peut-être d'excuse. Si l'on trouve que nous avons fait plus d'un sacrifice au goût même que nous condamnons, nous nous flattons qu'on saura apprécier les difficultés qu'il y a à satisfaire à la fois le goût et la raison dans les arts soumis à tant de sujétions particulières.

Notre but, en publiant ce recueil, n'est pas, comme nous l'avons déjà dit, de donner nos ouvrages pour des modèles à suivre, mais simplement comme le résultat de nos efforts dans un art auquel nous avons consacré toutes nos facultés, et que nous exerçons depuis longtemps. Nous les présentons comme des matériaux à consulter, soit pour qu'on puisse en éviter les défauts, soit aussi pour qu'on en tire le parti qu'on croirait propre à l'usage qu'on en voudrait faire. Nous désirons que le nombre et la variété des objets ne soient pas leur seul mérite, et que la curiosité étant satisfaite, l'art puisse aussi y trouver quelques avantages.

PLANCHES

Planche I. *Vue perspective de l'atelier du citoyen J. à Paris.*
Planche II. *Face latérale de l'atelier de peinture du citoyen J.*
Planche III. *Plafond de l'atelier de peinture du citoyen J.*
Planche IV. *Détails et ajustements tirés de l'atelier de peinture du citoyen J.*
Planche V. *Panneaux et frises de l'atelier de peinture du citoyen J.*
Planche VI. *Fauteuil et vase exécutés à Paris dans la maison du citoyen D.*
Planche VII. *Face latérale d'un petit salon exécuté à Paris chez le citoyen C.*
Planche VIII. *Pendule exécutée pour le citoyen G. en Espagne.*
Planche IX. *Cheminée exécutée à Paris pour le citoyen D.*
Planche X. *Jardinière ou table à fleurs exécutée pour le citoyen W. en Suède.*
Planche XI. *Table à fleurs ou jardinière exécutée pour le citoyen W. en Suède.*
Planche XII. *Lustre exécuté dans la maison du citoyen C. à Paris.*
Planche XIII. *Vue perspective de la chambre à coucher du citoyen V. à Paris.*
Planche XIV. *Lit du citoyen V. exécuté par Alexandre Régnier.*
Planche XV. *1, 2, 3, 4, 5. Camées peints sur émail. 6. Côté du dossier du lit. 7. Couronnement du pied du lit. 8. Pied du lit. 9 et 10. Fauteuil exécuté dans la même chambre par les frères Jacob.*
Planche XVI. *1 et 2. Peintures exécutées dans les panneaux de la chambre du citoyen V. 3. Frise exécutée dans la même chambre. 4. Vase exécuté cinq fois plus grand que le dessin. 5, 6. Face et profil d'une table exécutée par les frères Jacob.*
Planche XVII. *Peintures exécutées dans divers panneaux de la chambre du citoyen V.*
Planche XVIII. *1 et 3. Vases exécutés dans la maison de Mme ... à Paris. 2, 4, 5, 6, 7, 8, 9, 10, 11. Vases, lampes et cassolettes exécutées chez le citoyen ... à Paris.*
Planche XIX. *Lit exécuté à Paris pour Mme M.*
Planche XX. *Secrétaire exécuté à Paris pour M. V.*
Planche XXI. *Table exécutée à Petersbourg pour le comte S.*
Planche XXII. *Miroir et table à fleurs exécutés à Paris pour Mme V.*
Planche XXIII. *Candélabre exécuté chez M. D. à Paris, petite table de travail renfermant une cassolette exécutée pour Mme M. à Paris. Table de nuit exécutée pour Mme M. par les frères Jacob.*
Planche XXIV. *Table exécutée pour M. le comte S. à Petersbourg.*
Planche XXV. *Lit exécuté à Paris pour M. D...*

Planche XXVI. *Commode et table de travail exécutées chez Mme de M. à Paris.*
Planche XXVII. *Cheminée exécutée chez M. D. à Paris avec le détail du grand bas-relief au milieu de la traverse du chambranle.*
Planche XXVIII. *Secrétaire servant de bibliothèque exécuté pour M. V. à Amsterdam.*
Planche XXIX. *Fauteuil et siège à deux places exécutés à Paris pour M. le comte de S. en Russie.*
Planche XXX. *Lit exécuté pour M. J. à Paris.*
Planche XXXI. *Cheminée exécutée sur un fond en glace dans la galerie du prince S. en Pologne.*
Planche XXXII. *Secrétaire à cylindre exécuté à Paris pour M. H.*
Planche XXXIII. *Trépied vases et frise exécutés à Paris chez M. M.*
Planche XXXIV. *1. Pot à oille. 2. Fontaine à thé. 3. Vases exécutés à Paris pour Mme B.*
Planche XXXV. *Plateau exécuté en porcelaine, à la Manufacture Nationale de Sèvres pour Mme B.*
Planche XXXVI. *Chambre à coucher exécutée à Paris pour M. G.*
Planche XXXVII. *L'une des faces de la chambre à coucher de Mme G. à Paris.*
Planche XXXVIII. *1. Bureau exécuté à Paris pour M. V. 2. Vase exécuté en bronze pour M. V. 3. Face latérale du bureau n° 1. 4. Pendule qui doit porter un buste.*
Planche XXXIX. *1. Fauteuil appelé bergère exécuté pour Mme de D. à Paris. 2. Fauteuil exécuté pour M. L. à Paris. 3. Tabouret en X exécuté à Paris et placé à la St C. 4. Candélabre exécuté à Paris pour Mme B. 5. Côté du tabouret en X n° 3. 6. Petite pendule exécutée pour M. W. 7. Table exécutée à Paris pour Mme B. 8. Table exécutée à Paris pour Mme de G.*
Planche XL. *1. Commode avec abattant exécutée à Paris pour Mme de M. 2. Table exécutée pour M. le Comte de P. 3. Commode à tiroirs exécutée à Paris pour M. du R.*
Planche XLI. *Plafond de la bibliothèque de la Malmaison.*
Planche XLII. *Vues et détails du plafond de la bibliothèque du Premier Consul à Malmaison.*
Planche XLIII. *Développement et coupe de la voûte de la salle à manger du Palais des Tuileries.*
Planche XLIV. *Table à thé exécutée à Paris pour M.G.*
Planche XLV. *Plafond de la salle des gardes du Palais des Tuileries.*
Planche XLVI. *Pot à oille exécuté en orfèvrerie pour la vaisselle de l'Impératrice Joséphine.*
Planche XLVII. *Plafond de la salle du trône au château de Saint-Cloud.*
Planche XLVIII. *Vue du trône de l'Empereur au Palais des Tuileries.*
Planche XLXIX. *Vue de la tribune et d'une partie de la salle des Maréchaux, au Palais des Tuileries.*
Planche L. *Décorations des panneaux de l'appartement de M. Oz.*
Planche LI. *Plafond du petit salon de service de l'appartement de l'Impératrice au Palais des Tuileries.*
Planche LII. *Frise de la chambre à coucher de Malmaison.*
Planche LIII. *Plafond de la chambre à coucher de l'Empereur, au Palais des Tuileries.*
Planche LIV. *Jardinière pour être placée au milieu d'une grande pièce.*
Planche LV. *Salle exécutée au château de la Malmaison et détails des trophées qui la décorent.*
Planche LVI. *Portion de la voûte du foyer de la salle de spectacle au Palais des Tuileries.*
Planche LVII. *Cheminée exécutée dans le salon de M. H... à Paris.*
Planche LVIII. *Façades de la chambre à coucher de M. le Comte de Z. en Pologne.*
Planche LXIX. *Candélabre portant girandoles, exécuté à Paris.*
Planche LX. *Boudoir de Madame M. exécuté à Paris.*
Planche LXI. *Vue intérieure d'un cabinet pour le Roi d'Espagne exécuté à Paris et placé à Aranjuez.*
Planche LXII. *Entablement, chapiteau et détails du cabinet du roi d'Espagne.*
Planche LXIII. *Lambris, fauteuil, trépied, vases et autres accessoires exécutés pour le cabinet du roi d'Espagne.*
Planche LXIV. *Développement de la voûte du cabinet du roi d'Espagne.*
Planche LXV. *Lit exécuté pour Mme de B. à Paris.*
Planche LXVI. *Cheminée du grand cabinet de l'Empereur au Palais des Tuileries.*
Planche LXVII. *Vue perspective de la salle de la Vénus au Musée Napoléon au Louvre.*
Planche LXVIII. *Elévation des façades de la salle de la Vénus au Musée Napoléon au Louvre.*
Planche LXIX. *Décoration des voûtes de la salle de la Vénus au Musée Napoléon au Louvre.*
Planche LXX. *Façade de la salle de la Vénus au Musée Napoléon au Louvre.*
Planche LXXI. *Décoration de la voûte de la Salle de la Vénus au Musée Napoléon au Louvre.*
Planche LXXII. *Cheminée de la salle des fleuves du Musée Napoléon.*

PLANCHES I, II, III, IV, V

Vue intérieure, coupe, plafond et détails des ornements de l'atelier de peinture de M. J. à Paris.

Cette pièce, dont le fond est occupé par un lit élevé sur une estrade, sert en même temps de cabinet de travail et de chambre à coucher. Des pilastres en menuiserie forment les divisions des panneaux sur lesquels sont représentées, à la manière étrusque, et sur des fonds bruns, la Peinture, la Sculpture, l'Architecture et la Gravure. Au-dessus est une frise en bas-relief, composée de renommées et de flambeaux soutenant des guirlandes entre lesquelles se trouvent des médaillons représentant les portraits des peintres les plus célèbres, avec leurs noms, leur patrie, les dates de leur naissance et de leur mort. Le poële placé dans l'intérieur d'un piédestal en terre cuite, couvert de marbre et de bronze, supporte le buste de Minerve.
Des pieds de chimères forment en avant de chaque pilastre des consoles séparées pour porter des vases et des ustensiles. On voit sur le plafond, du côté des fenêtres, Apollon, symbole du jour, et du côté du lit, Diane, symbole de la nuit. Les ornements qui accompagnent les sujets principaux et qui composent les détails de cette pièce, sont analogues aux arts du dessin. Ils ont rapport aux goûts et aux talents de l'artiste habile pour qui ils ont été exécutés.

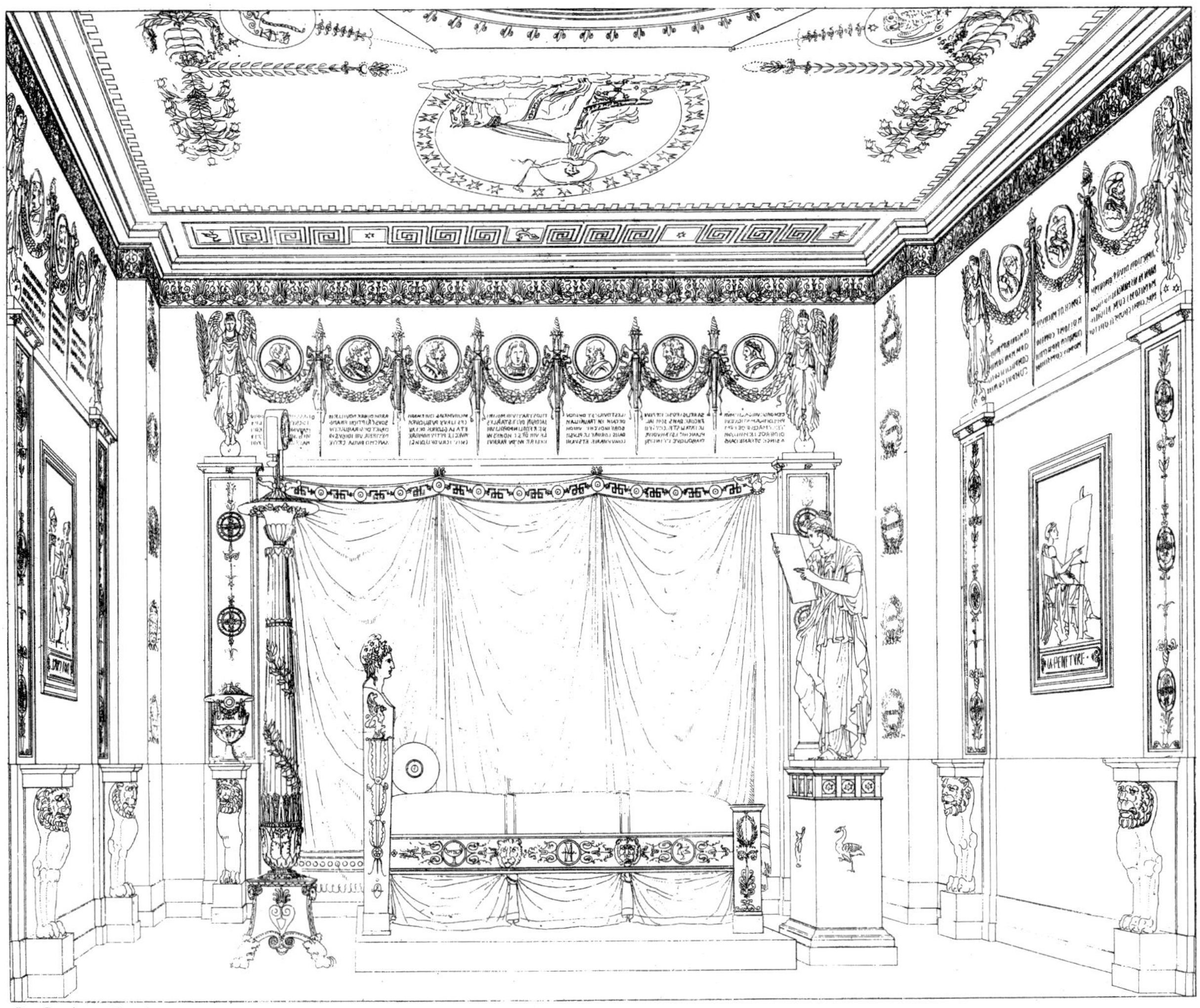

PLANCHE I :
Vue perspective de l'atelier de peinture du citoyen J. à Paris.

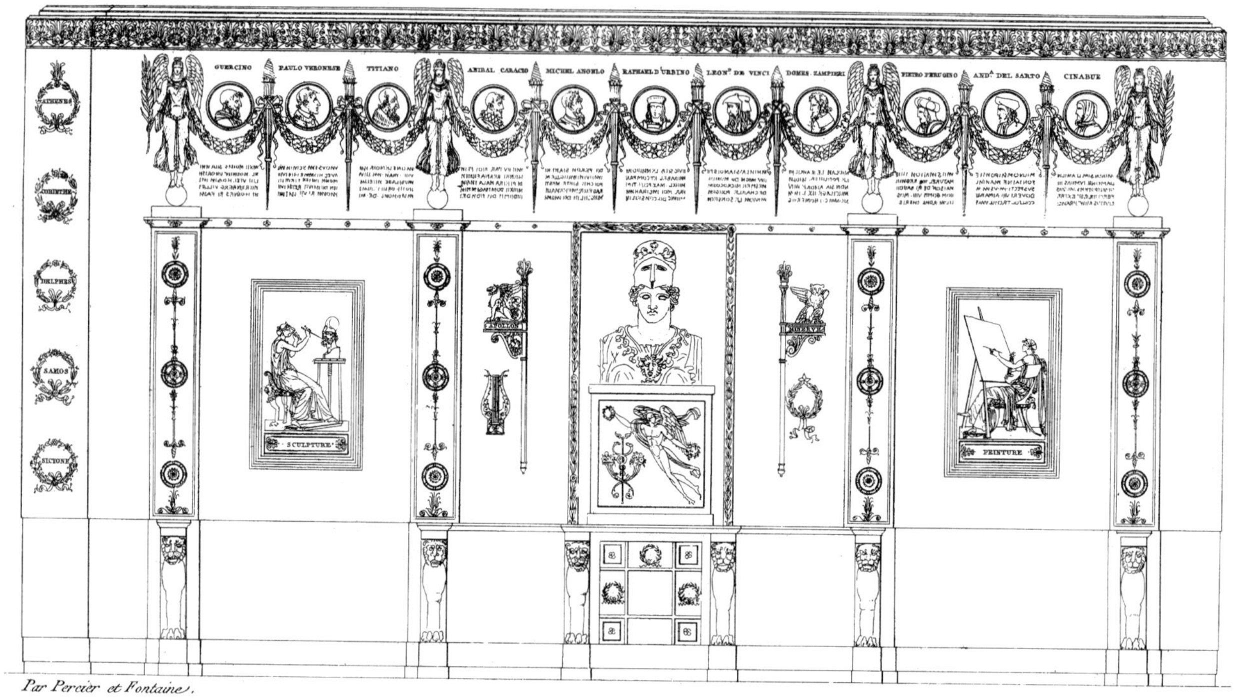

Par Percier et Fontaine.

*Face latérale de l'Atélier de Peinture du C. I*****

8 Pieds.

1 Mètre.

PLANCHE II

Face latérale de l'atelier de peinture du citoyen J.

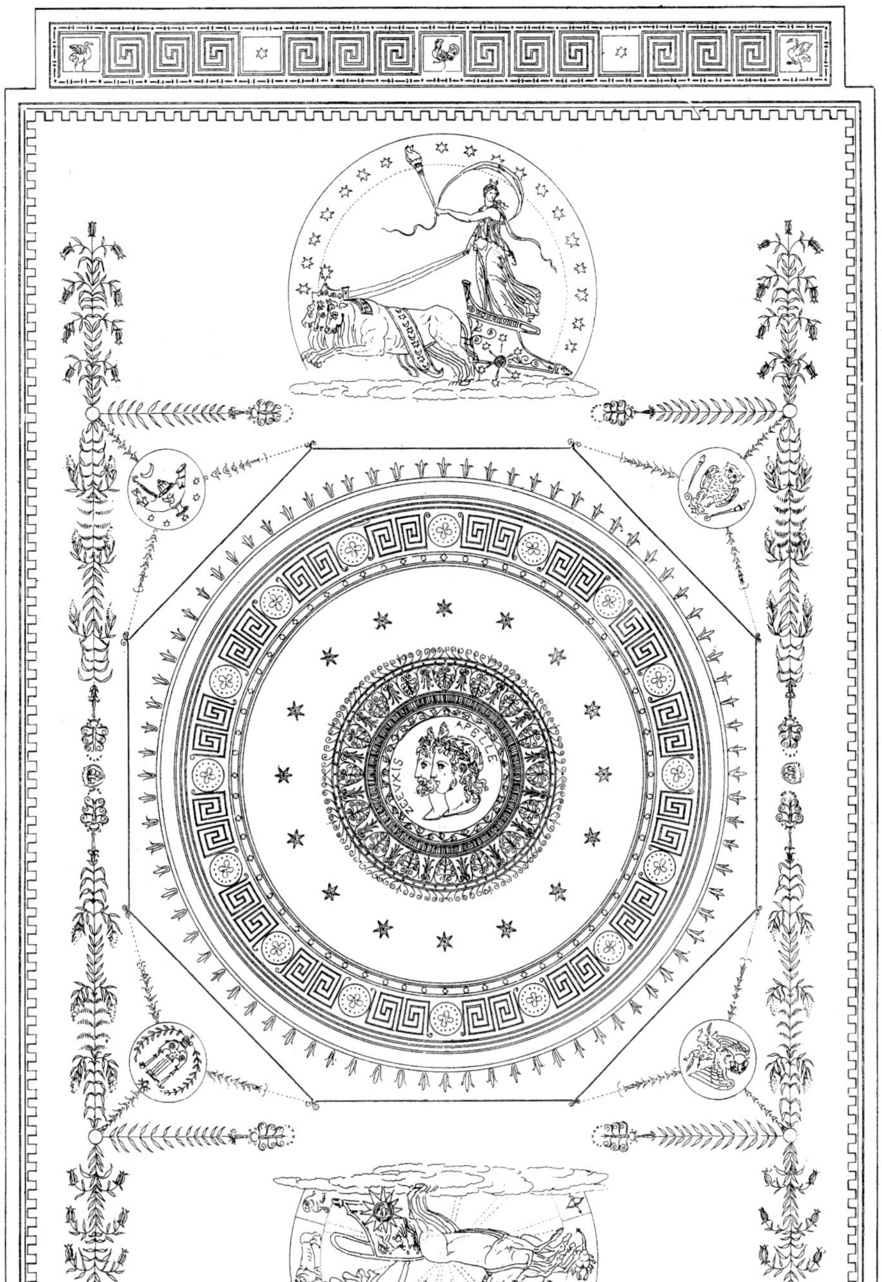

Par Percier et Fontaine.

PLANCHE III

Plafond de l'atelier de peinture du citoyen J.

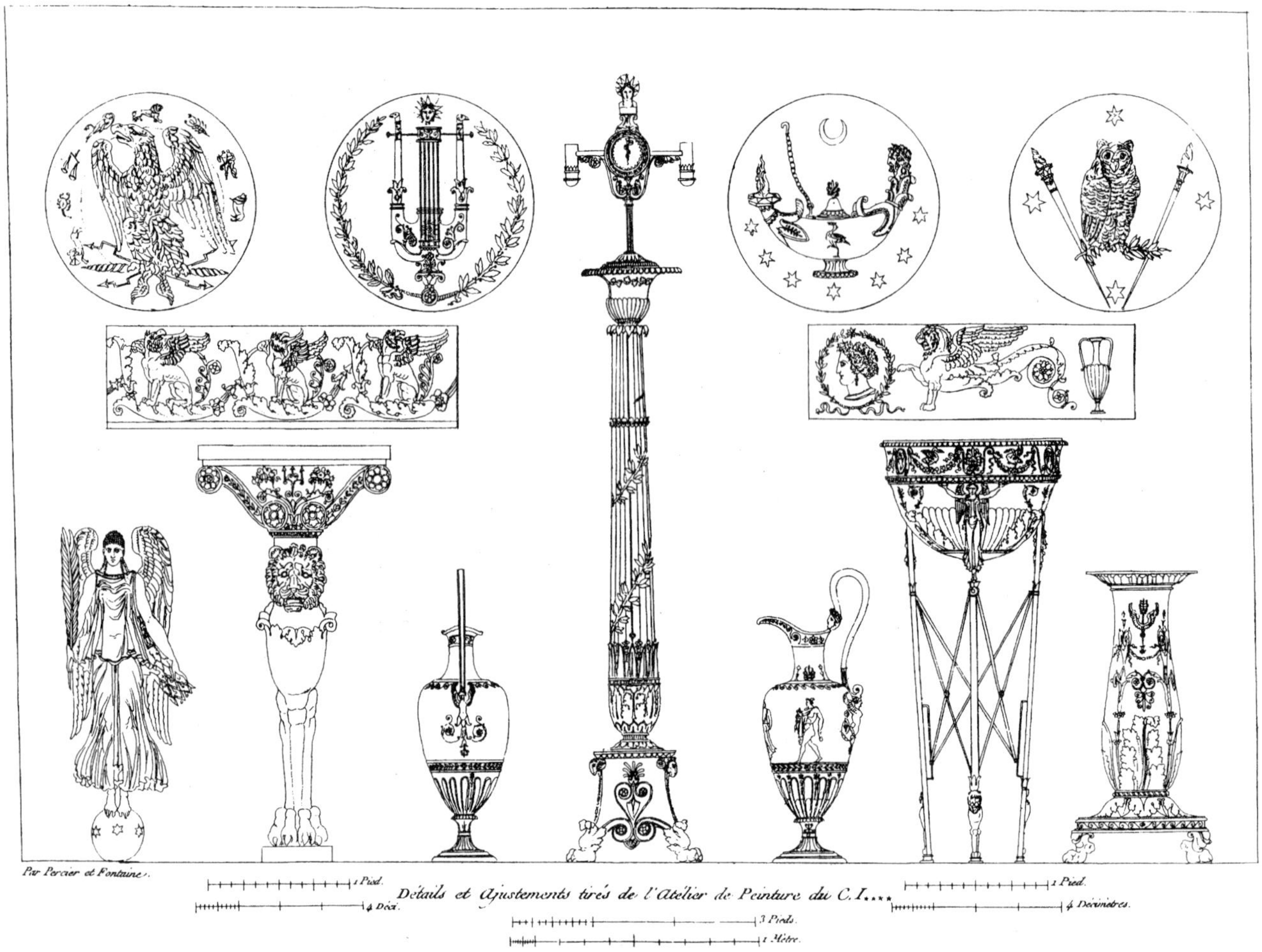

PLANCHE IV

Détails et ajustements tirés de l'atelier de peinture du citoyen J.

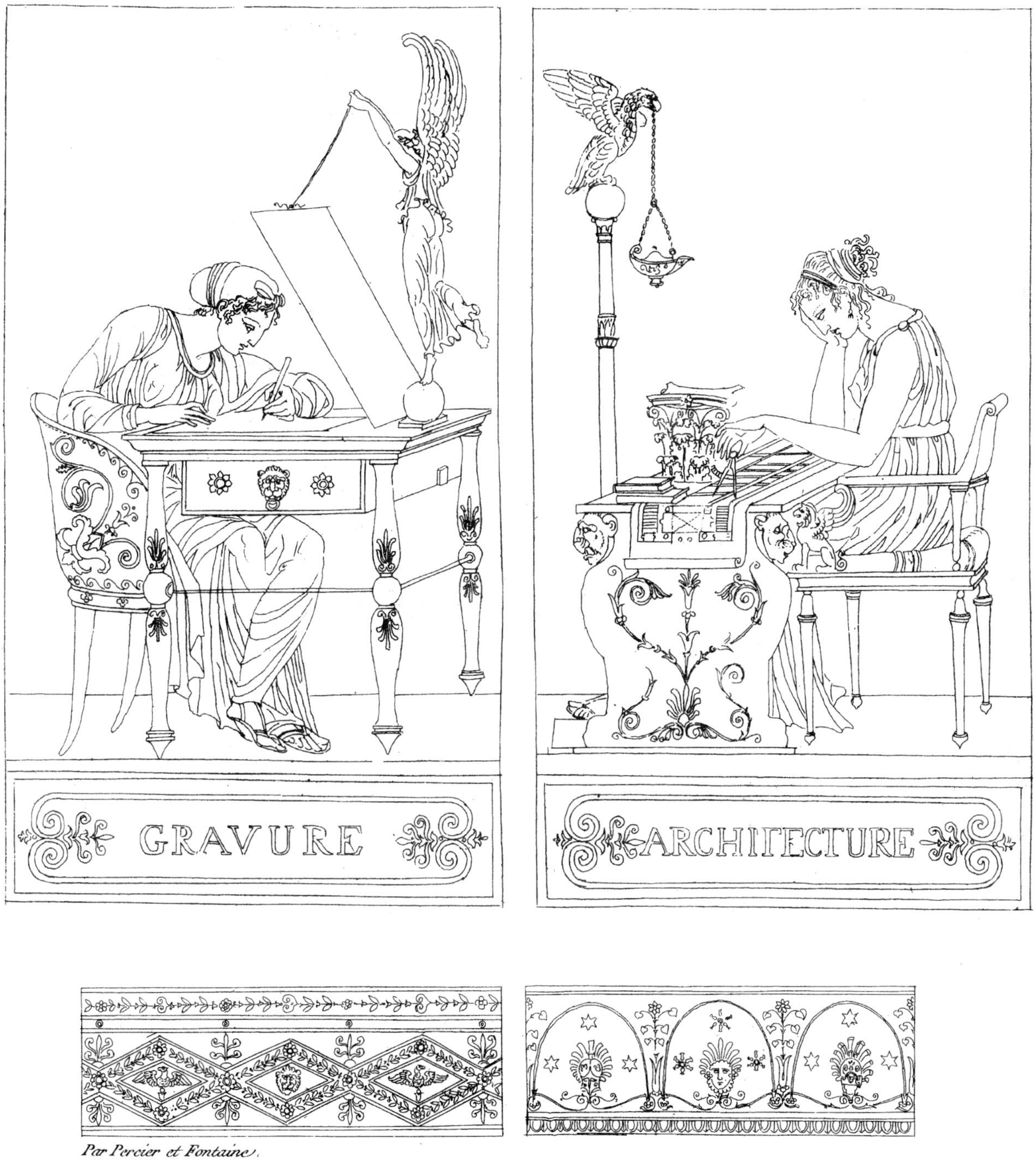

Par Percier et Fontaine.

PLANCHE V

Panneaux et frises de l'atelier de peinture du citoyen J. à Paris.

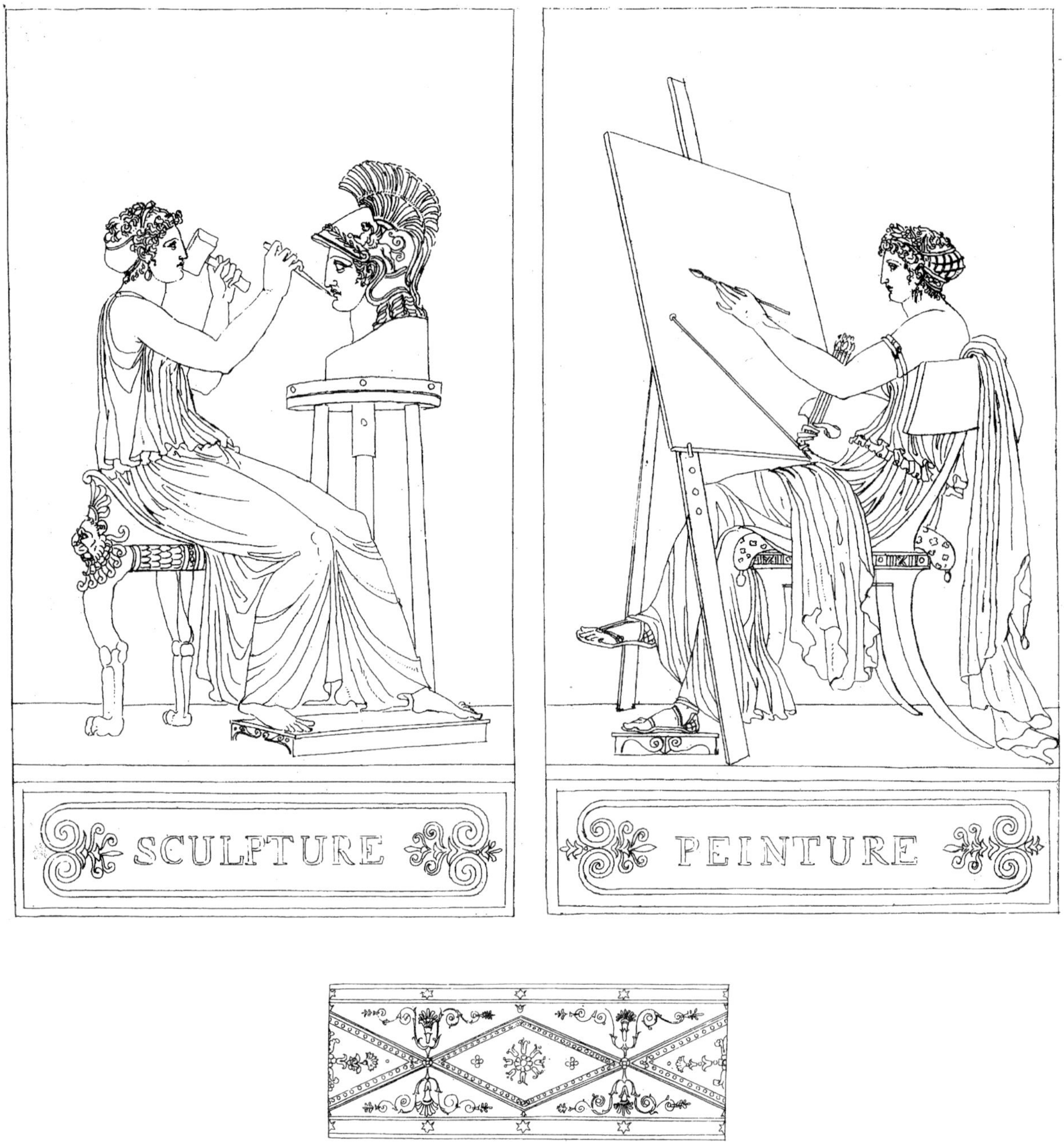

PLANCHE V
Panneaux et frises de l'atelier de peinture du citoyen J. à Paris.

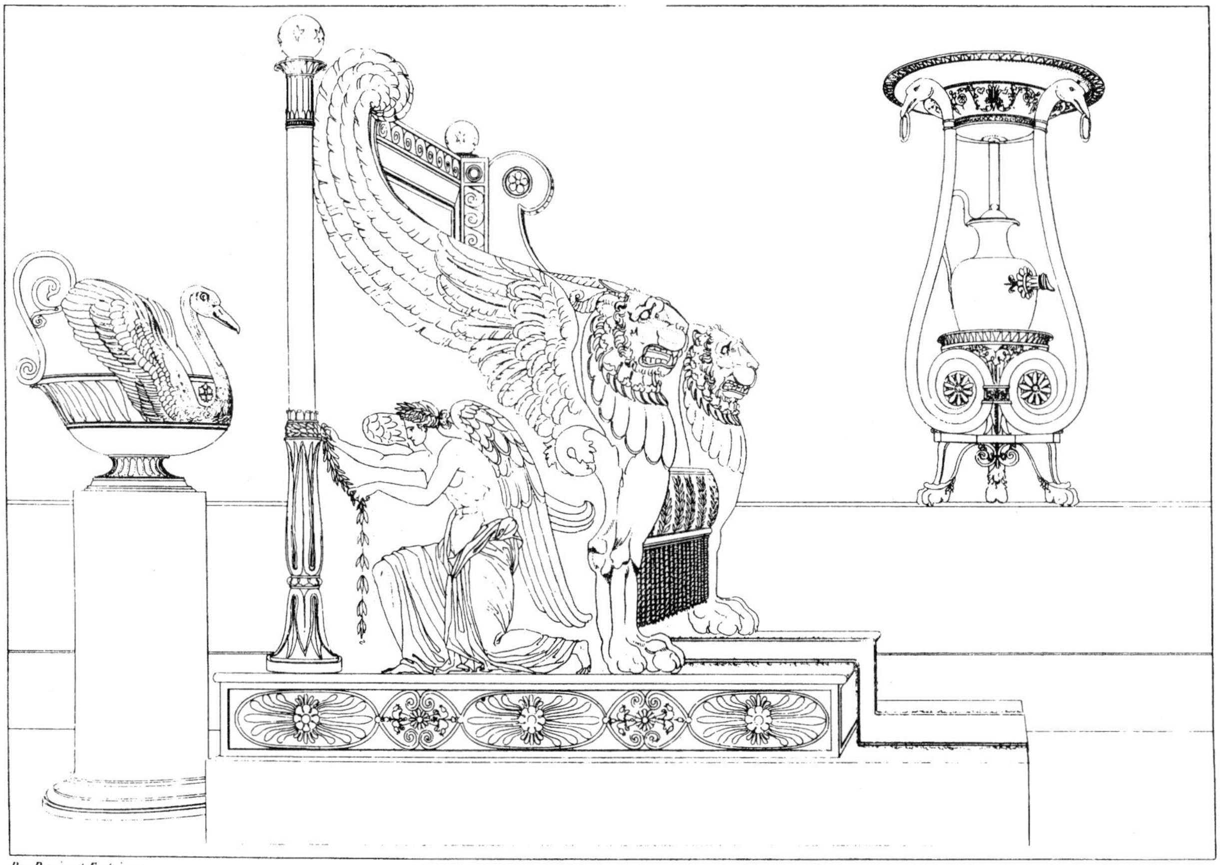

PLANCHE VI
Grand fauteuil de bureau, et vase à laver.

On voit par la forme de ce fauteuil qu'il a été fait pour rester en avant d'un bureau ; il est élevé sur une estrade recouverte en pelleteries sur la partie où les pieds reposent ; les deux meubles qui accompagnent le fauteuil ont été exécutés l'un en fer poli, doré, l'autre en tôle vernie ; le vase est en porcelaine, et la garniture en cuivre doré.

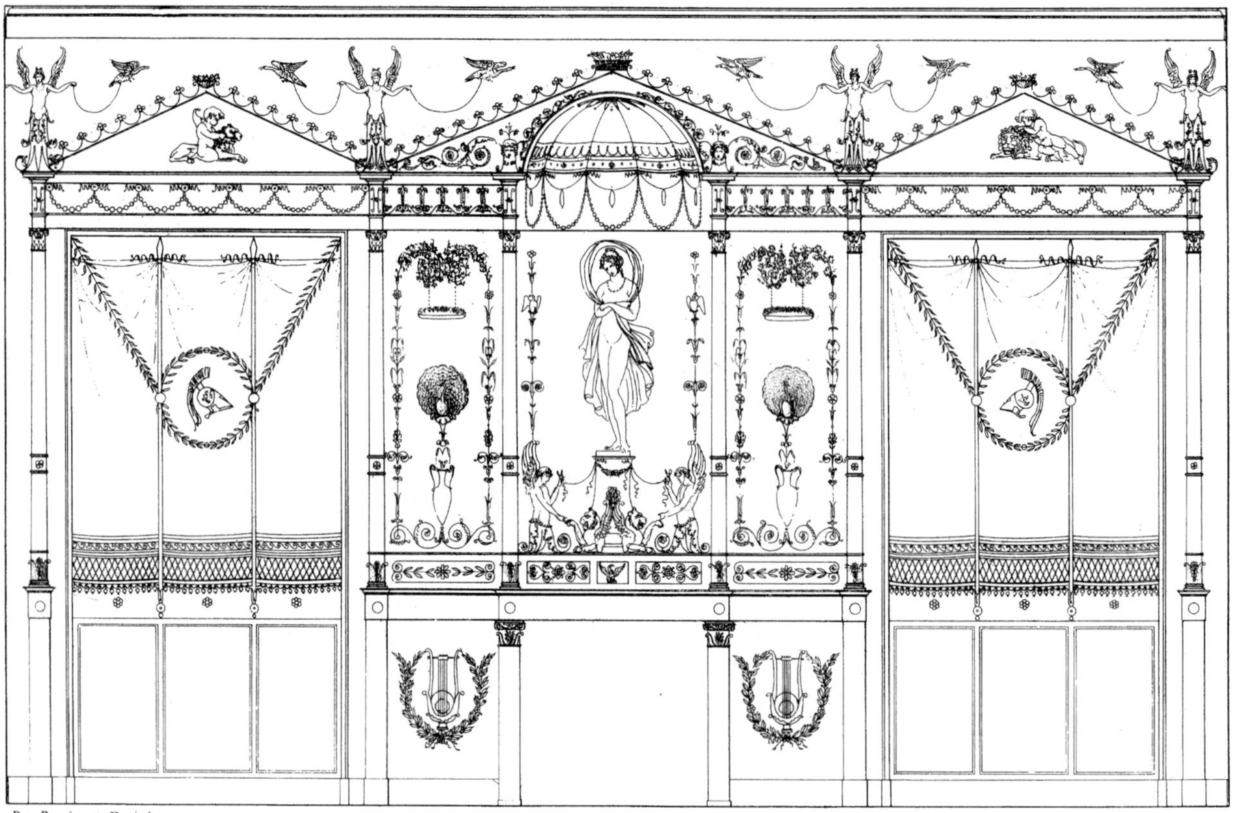

Par Percier et Fontaine.

Face latérale d'un petit Salon exécuté à Paris chez le C. C.

4 Pieds.

1 Mètre.

Ci-dessus :

PLANCHE VII

Face latérale d'un petit salon exécuté à Paris.

Le peu d'étendue et la situation de cette pièce, dont on a dû faire un boudoir, ont déterminé à choisir les formes en arabesques pour sa décoration. Elle représente un petit temple à Vénus, composé de colonnes légères et décoré d'ornements variés qui ont rapport à la déesse de la beauté. Les entrées, qu'on a cherché à rendre peu apparentes, sont cachées sous des tentures drapées.

Ci-contre :

PLANCHE VIII

Pendule à la manière égyptienne exécutée pour l'Espagne.

La satiété produite par le grand nombre d'ouvrages de ce genre, et le désir d'avoir un meuble qui ne ressemblât pas à tous les autres, a fait demander que celui-ci fût dans le goût égyptien sans chercher à dénaturer la forme nécessaire au mécanisme des pendules ordinaires. On s'est donc borné à revêtir les faces et les contours de signes et d'ornements tirés des ouvrages égyptiens. Une tête d'Apollon représentant la lumière, et deux sphinx à ses côtés, forment le couronnement ; les signes du zodiaque, qui marquent les mois, entourent le cadran ; deux statues assises sur le flanc du meuble tiennent les clefs du Nil, et inquiètent le Temps. La nature, sous la forme d'Osiris, est figurée dans le carré au-dessous duquel on voit le mouvement du balancier.

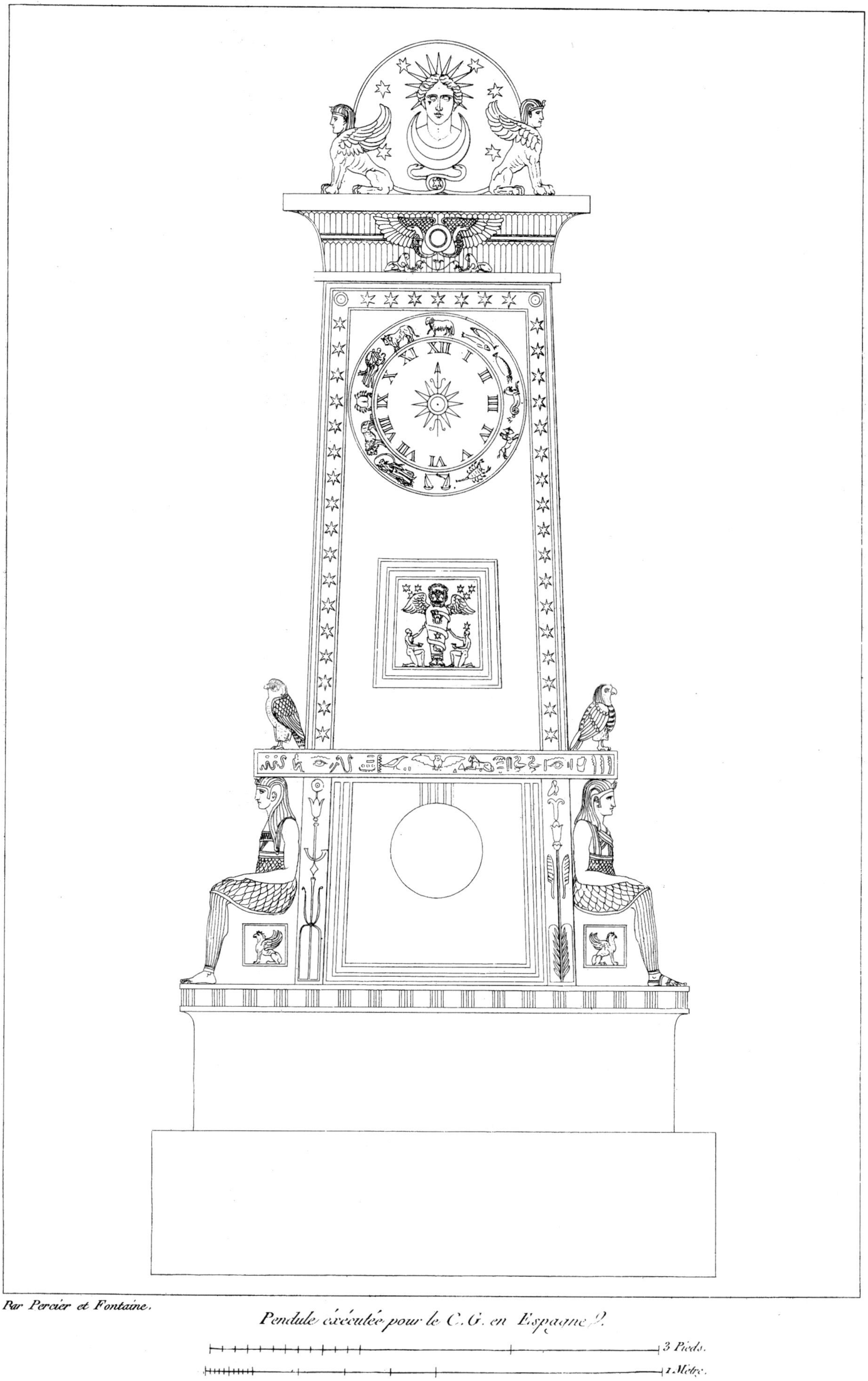

Par Percier et Fontaine.

Pendule exécutée pour le C. G. en Espagne 2.

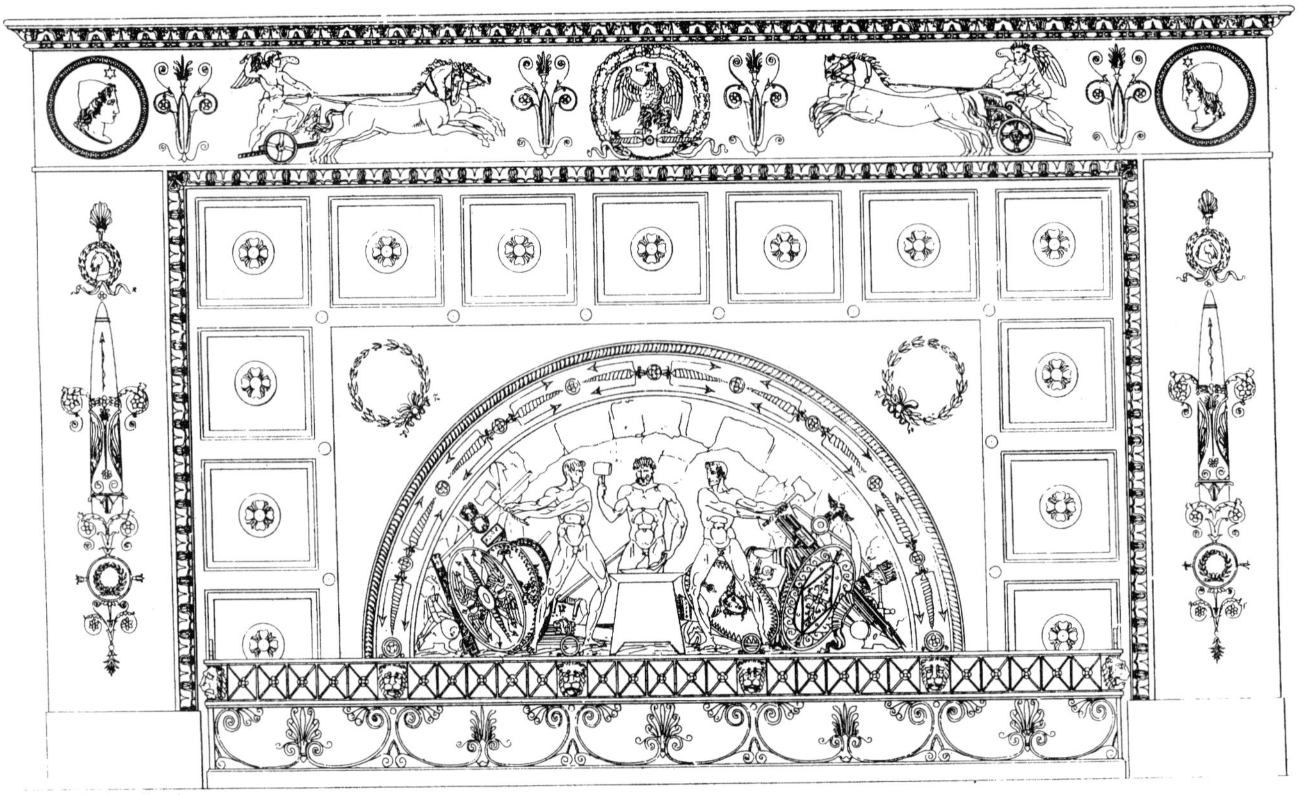

Ci-dessus :
PLANCHE IX
Cheminée exécutée à Paris.

Cet ouvrage construit en marbre blanc veiné, est orné de petites figures qui représentent des courses de chars et des rinceaux d'ornements en bronze doré. On a cherché à cacher les joints entre les piédroits et la traverse par la saillie du filet qui les sépare. La plaque en fonte derrière le foyer est formée de plusieurs compartiments ; sur celui du milieu, on a représenté les forges de Vulcain ; une grille en cuivre doré et découpée à jour sert de garde-cendres. Elle remplace les devantures de chenets ordinaires.

Ci-contre et page suivante :
PLANCHES X, XI
Jardinière pour la Suède.

Cette table, destinée à porter des fleurs, a été exécutée en bois d'acajou, en cuivre doré, en tôle et en plomb. On voit au-dessous du plateau de fleurs un vase en glace qui contient des poissons vivants, et au-dessus une cage ou une petite volière dont le sommet est couronné par une statue d'Hébé ; les bas-reliefs qui ornent le pourtour de la corbeille présentent des tritons folâtrant avec des naïades.
La planche XI indique le plan et la coupe de ce meuble.

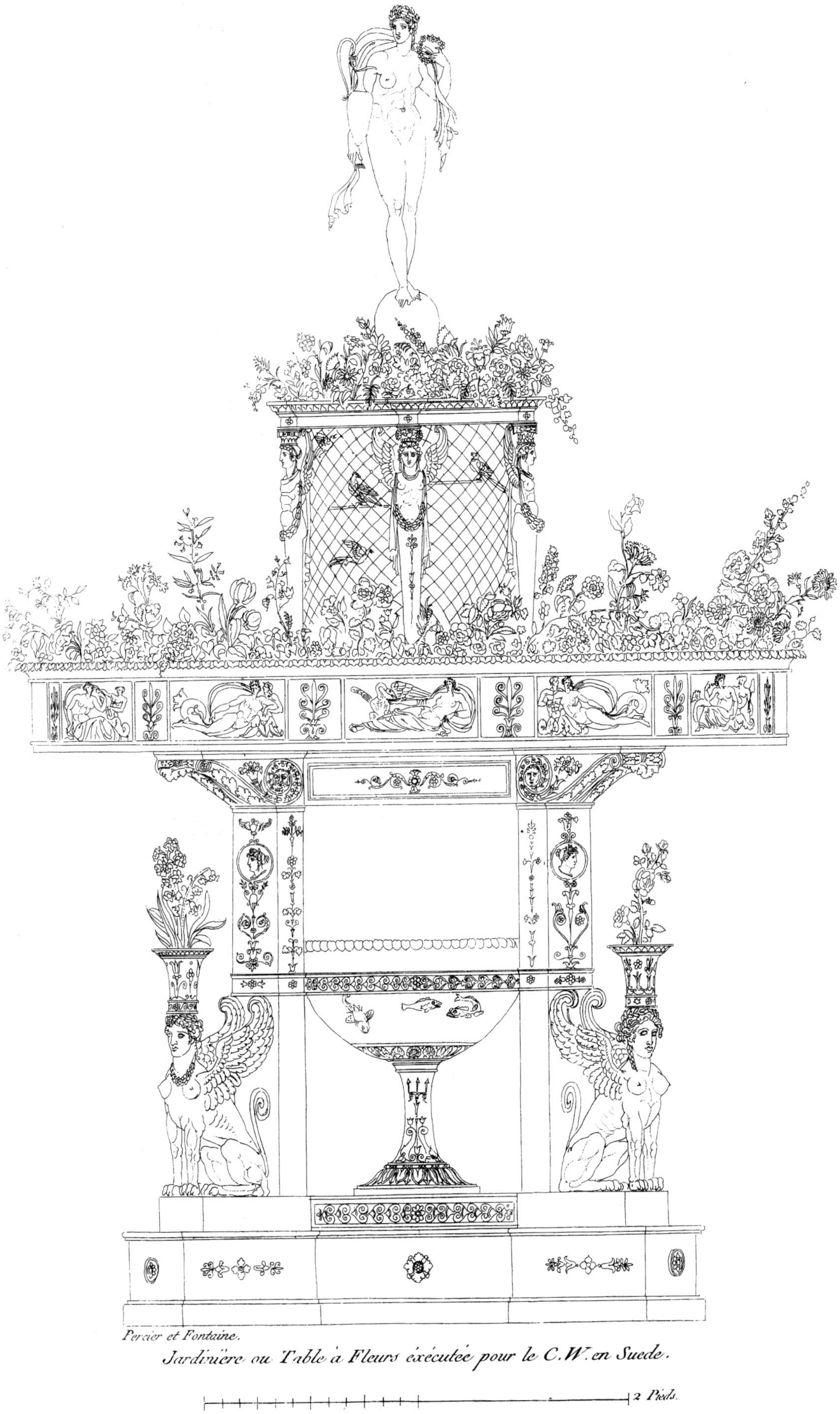

Percier et Fontaine.

Jardinïère ou Table à Fleurs éxécutée pour le C. W. en Suede.

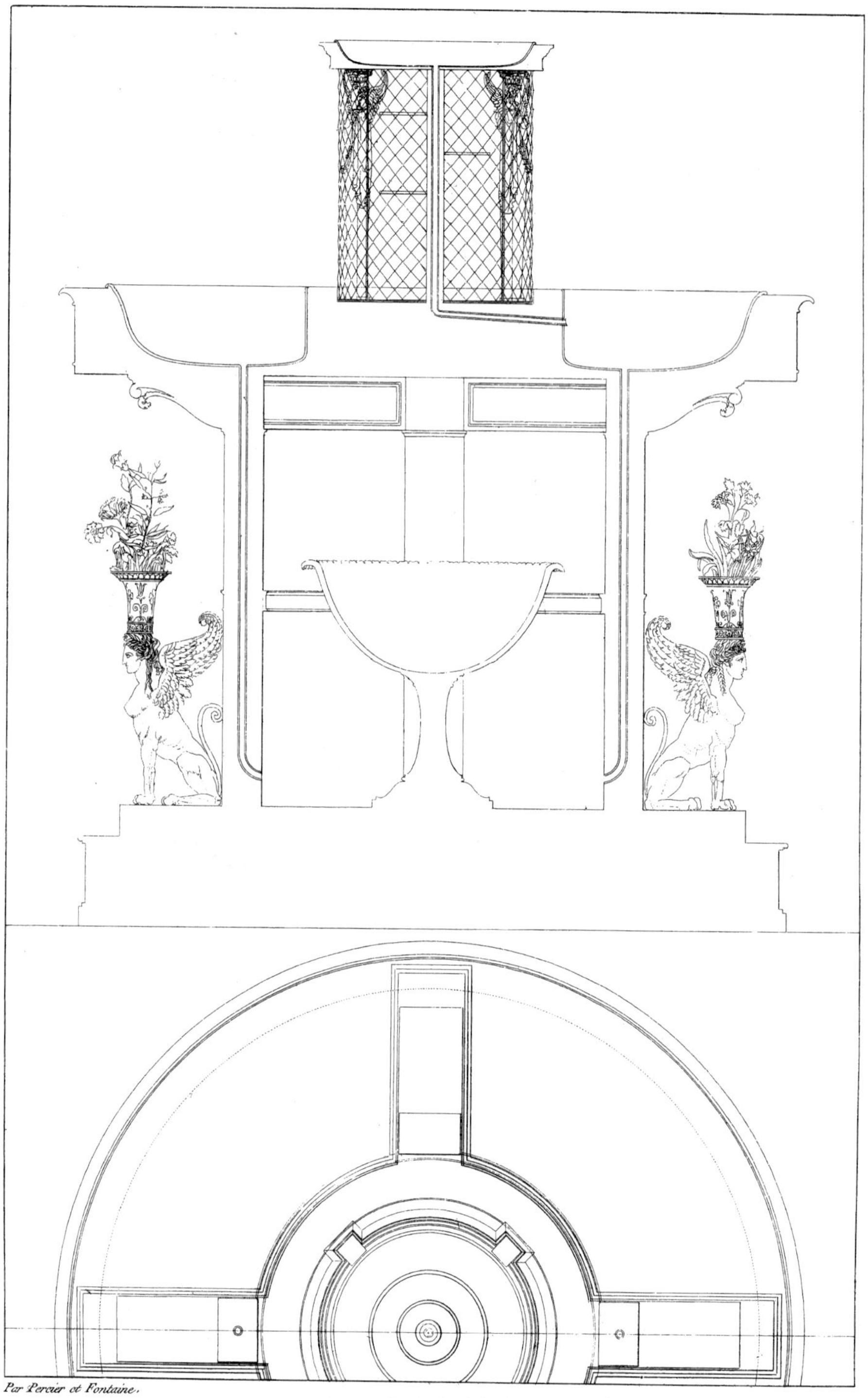

Ci-dessus :

PLANCHE XI.

Table à fleurs ou jardinière exécutée pour le citoyen W. en Suède.

Ci-contre :

PLANCHE XII.

Lustre exécuté dans la maison du citoyen CH. à Paris.

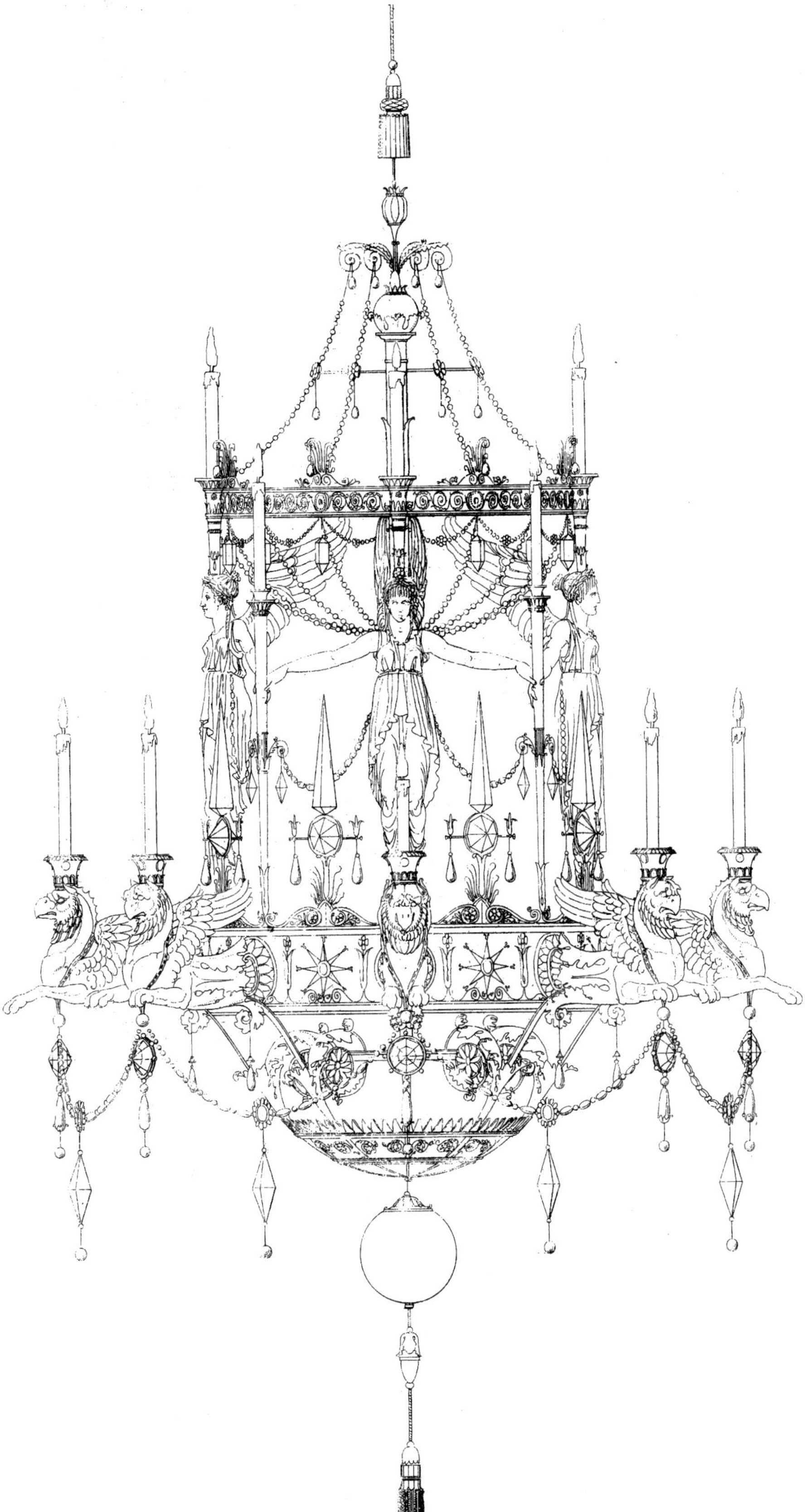

Lustre exécuté dans la Maison du C. Ch...... à Paris.

3 Pieds.

1 Mètre.

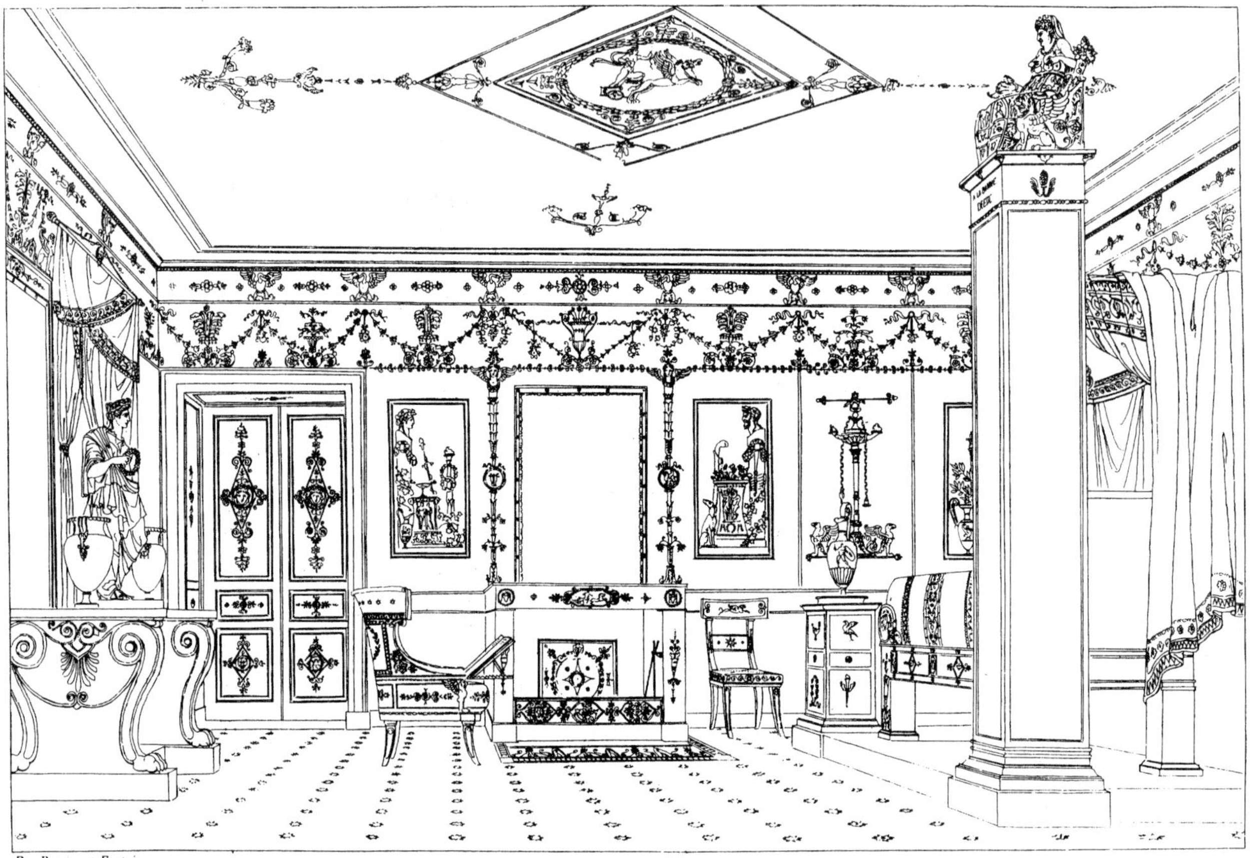

Par Percier et Fontaine.

Page précédente :
PLANCHE XII
Lustre exécuté à Paris.

Les cristaux de roche dont ce meuble devait être garni existaient en une assez petite quantité entre les mains du propriétaire. Il voulait les utiliser, et il demandait que la richesse de cette matière fût accompagnée par celle des bronzes et de la monture : c'est pourquoi on a supposé des femmes ailées qui se tiennent par la main en rond, et qui soutiennent des flambeaux entourés de guirlandes en brillants de formes variées ; elles sont élevées sur des rinceaux d'où partent des griffons ailés portant des lumières sur leur tête. La monture de cette pièce est soignée et fort simple ; chaque partie, établie séparément se rattache à l'ensemble par des écrous que les ornements recouvrent.

Ci-dessus et pages suivantes :
PLANCHES XIII, XIV, XV, XVI, XVII
Vue et détails d'une chambre à coucher exécutée à Paris.

Les ornements qui décorent cette chambre sont peints à l'huile et sur plâtre ; ils remplissent, sans sujet déterminé, divers compartiments variés, parmi lesquels on trouve des tableaux de fruits, des fragments d'objets usuels, réunis et peints en grisaille sur des fonds clairs. Les meubles, la table en face du lit le trépied, la toilette, le lit et le chambranle de la cheminée dont les détails sont donnés pl. XIV, XV, XVI et XVII sont revêtus de bronzes, de peintures sur émail et d'incrustation de bois de différentes sortes ; le piédestal, isolé à la tête du lit, est une armoire où se renferment les effets de nuit.

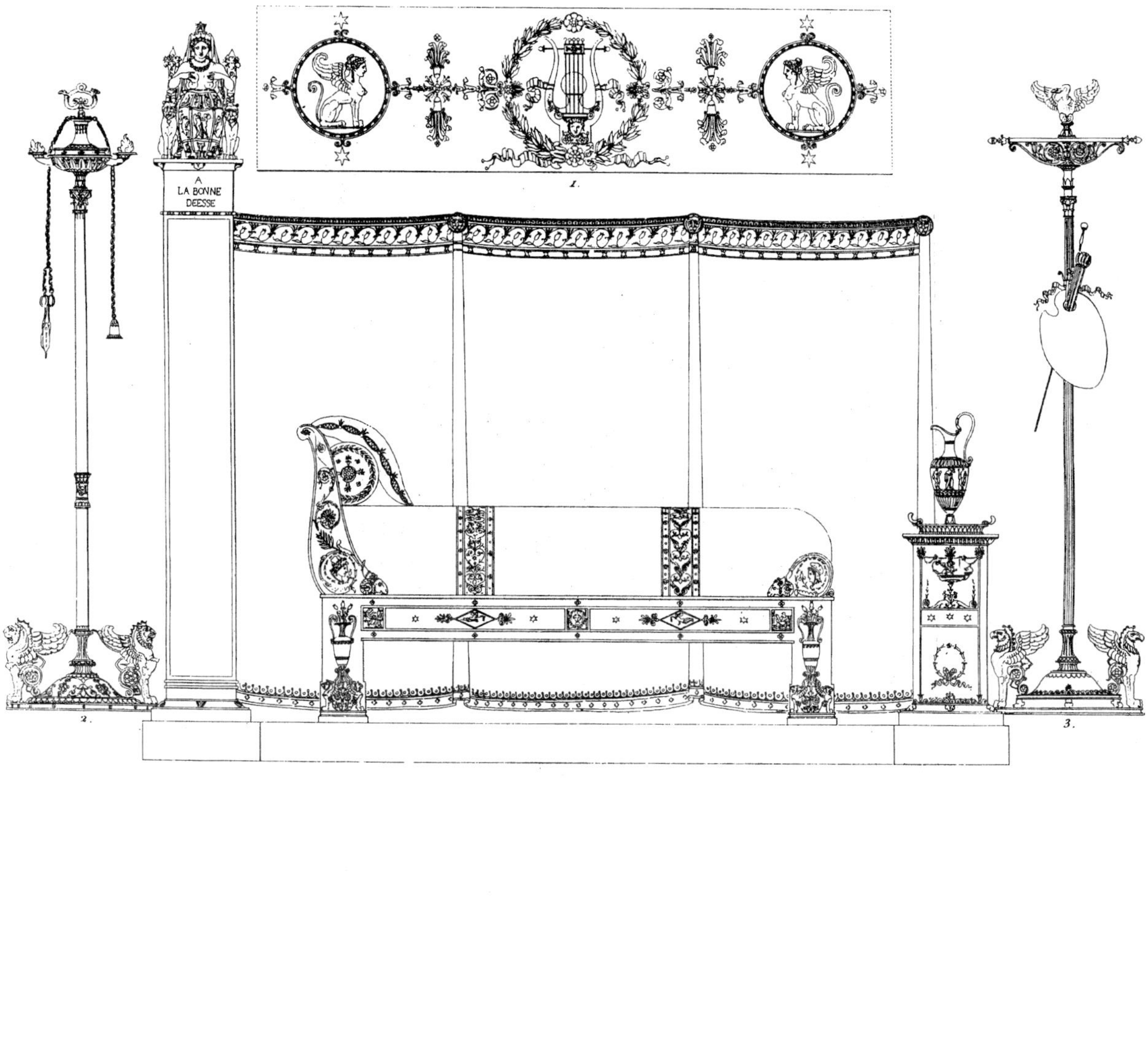

PLANCHE XIV

Lit du citoyen V. exécuté par Alexandre Regnier.

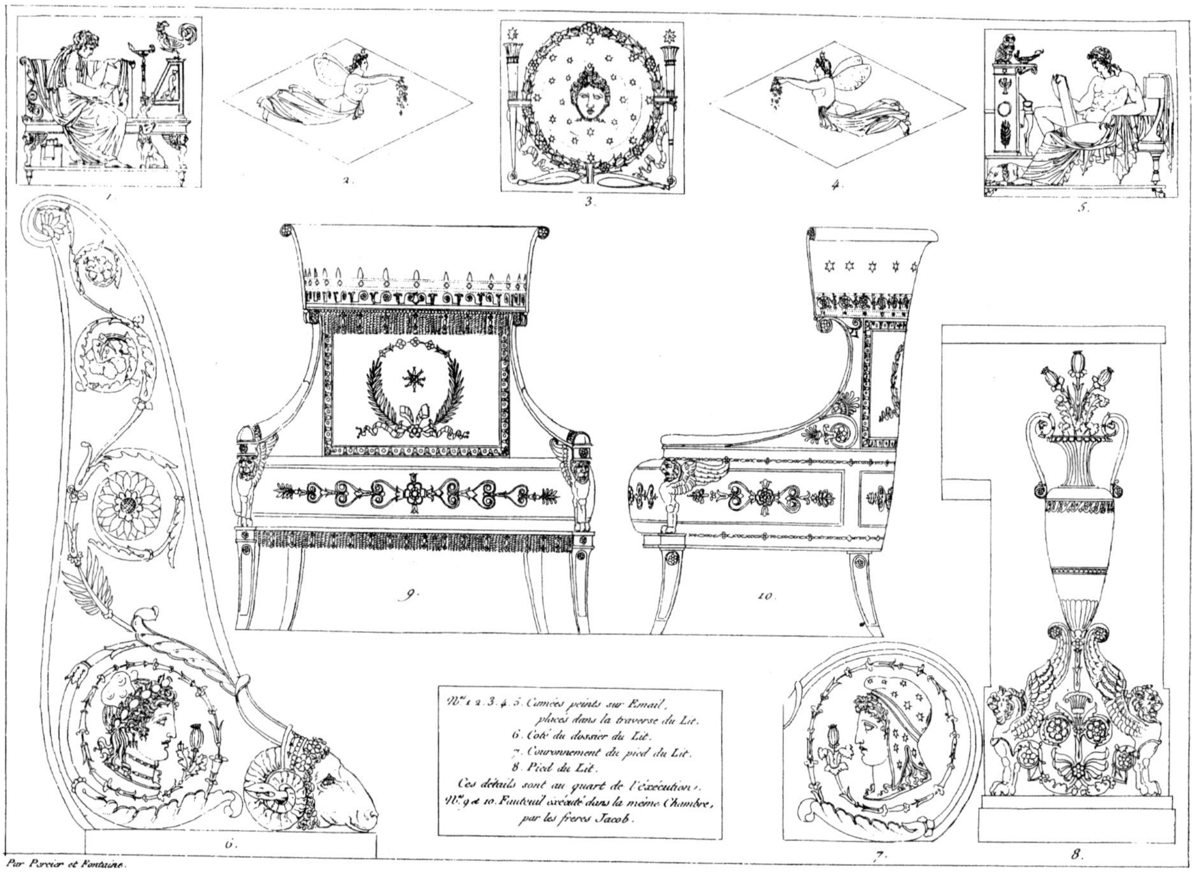

Ci-dessus :

PLANCHE XV

1.2.3.4.5. Cameées peints sur émail. 6. Côtés du dossier du lit. 7. Couronnement du pied du lit. 8. Pied du lit. 9 et 10. Fauteuil exécuté dans la même chambre par les frères Jacob.

Ci-contre :

PLANCHE XVI

1 et 2. Peintures exécutées dans les panneaux de la chambre du citoyen V. 3. Frise exécutée dans la même chambre. 4. Vase exécuté cinq fois plus grand que le dessin. 5 et 6. Face et profil d'une table exécutée par les frères Jacob.

1.

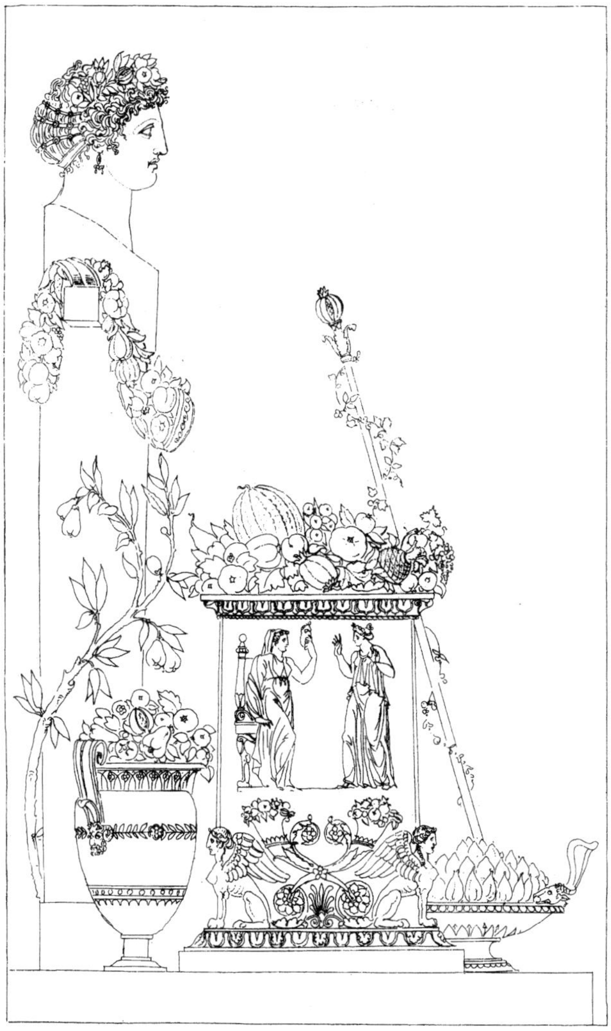

2.

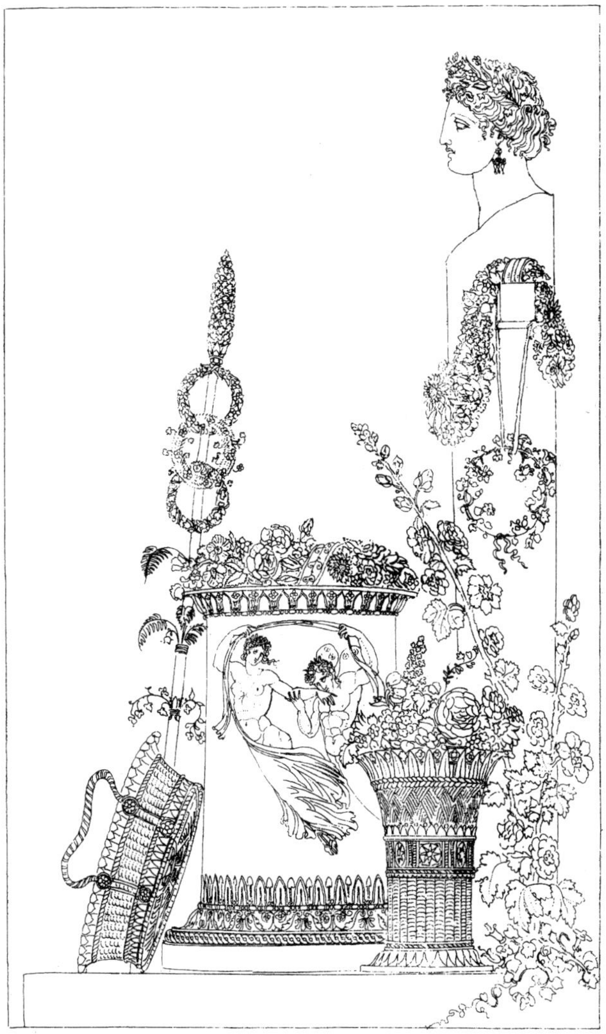

3.

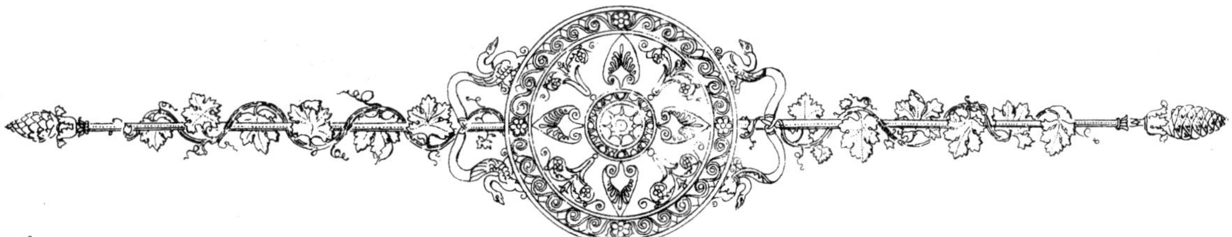

4.

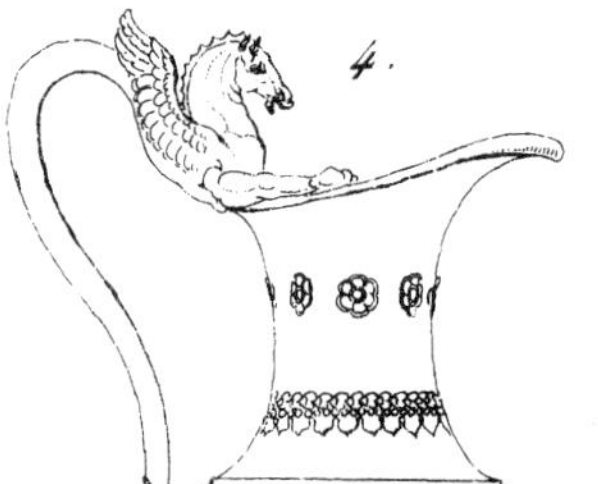

5.

6.

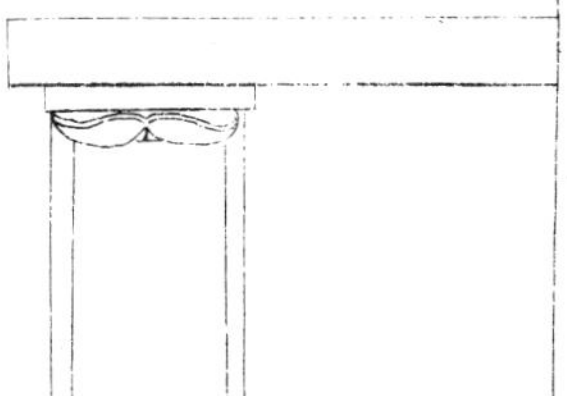

Par Percier et Fontaine.

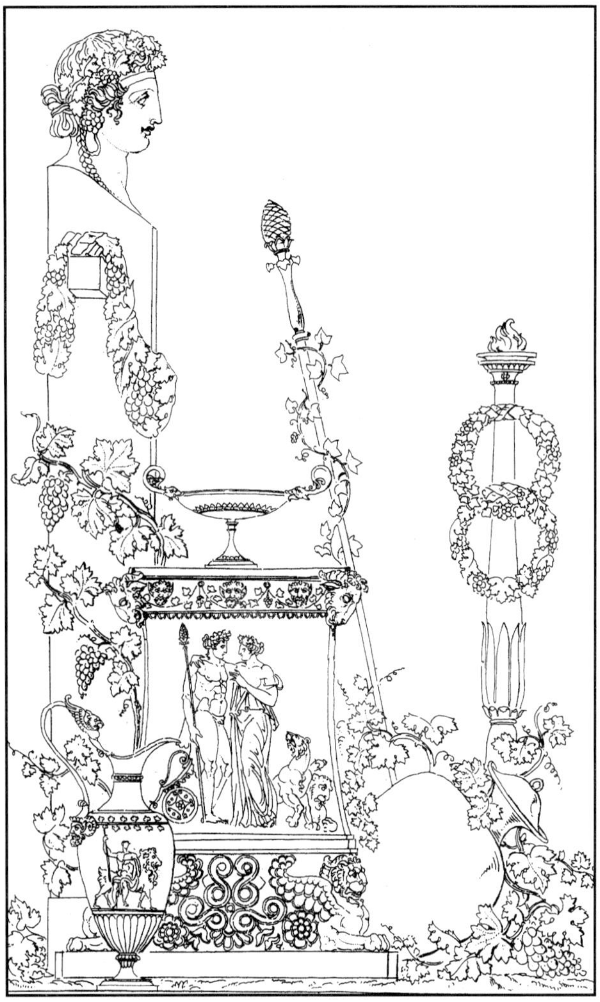

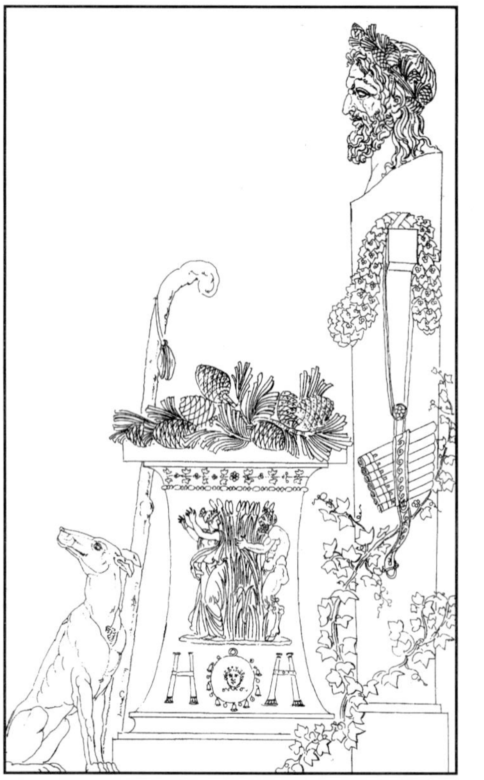

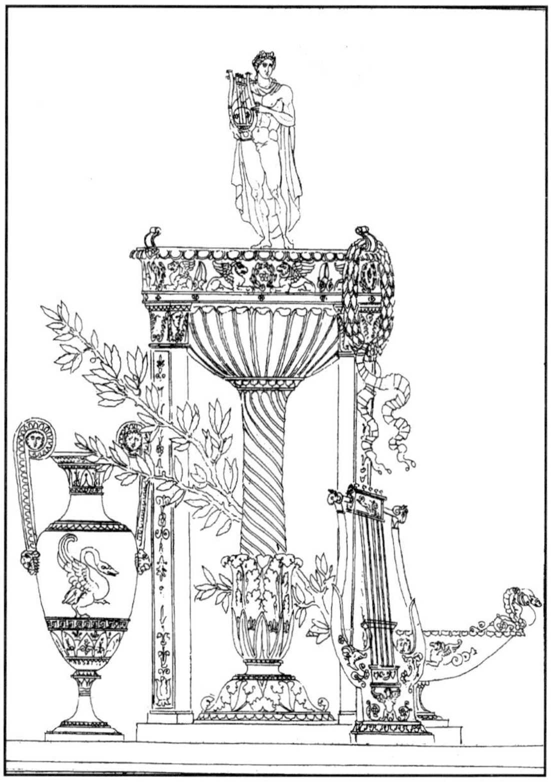

PLANCHE XVII

Peintures exécutées dans divers panneaux de la chambre du citoyen V.

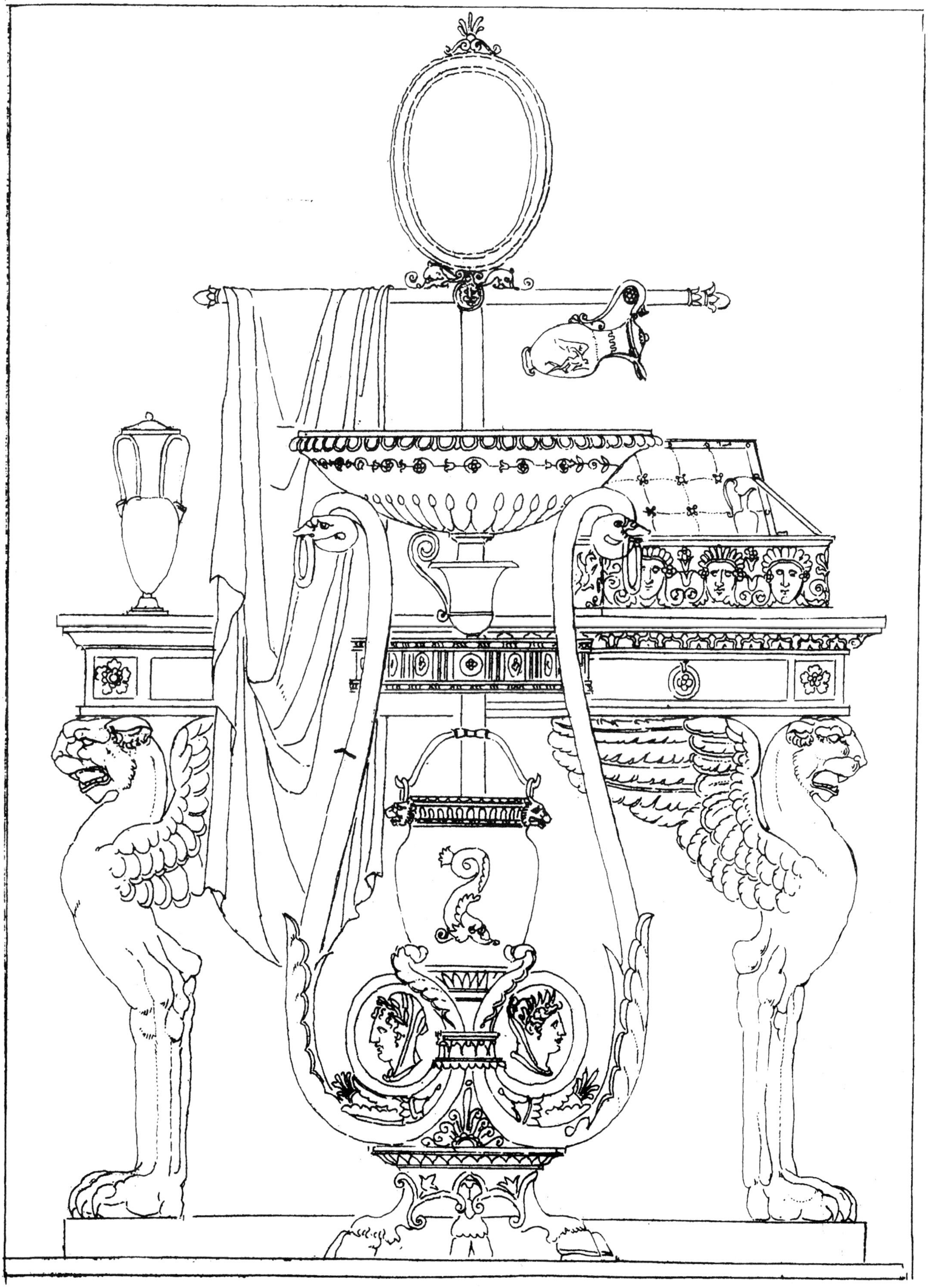

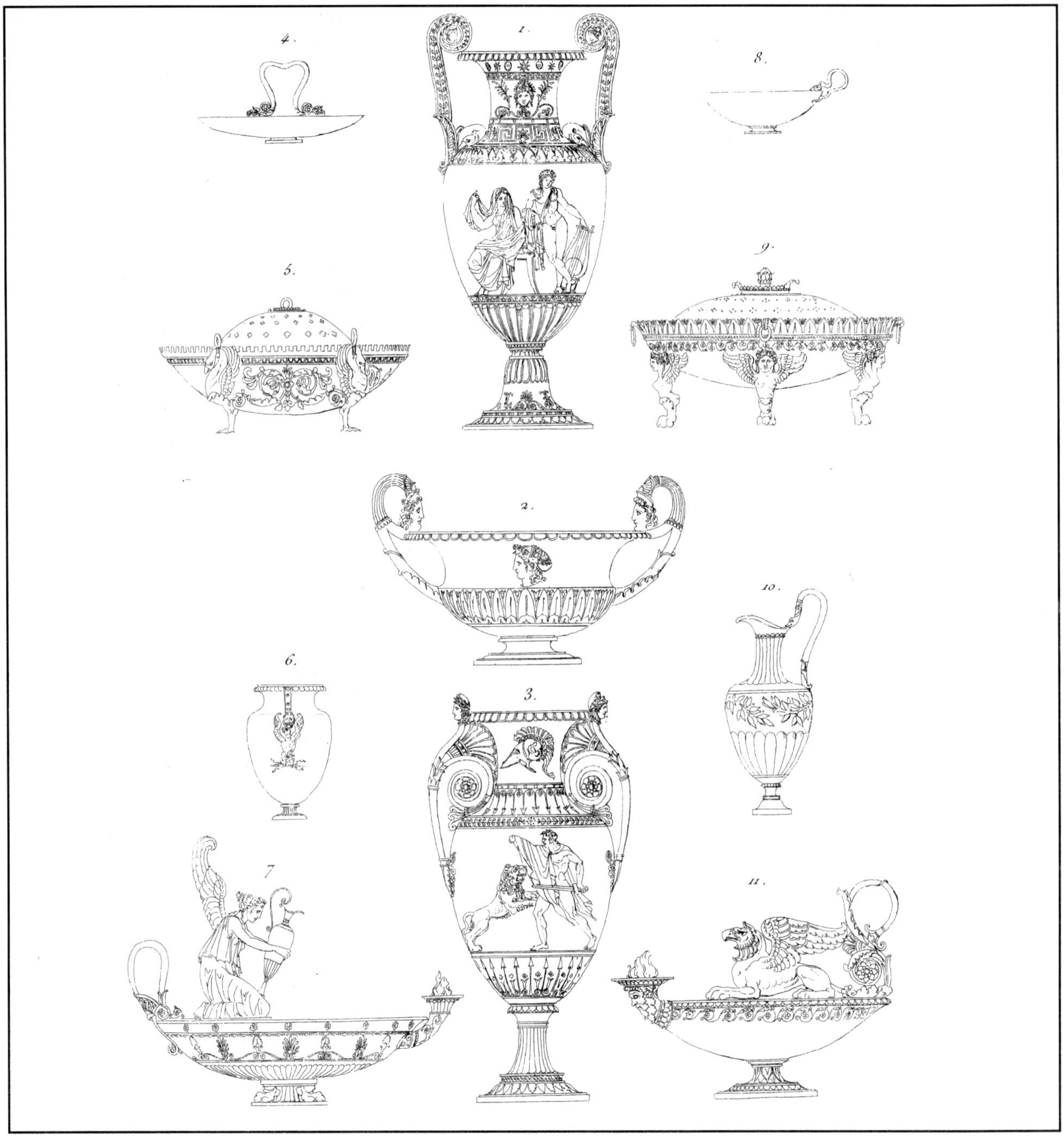

Ci-dessus :
PLANCHE XVIII
Vases de table.

Ces vases ont été faits en argent et en vermeil pour des services de table ; on a cherché à les rendre commodes par leur forme, et surtout faciles à être exécutés.

Ci-contre :
PLANCHE XIX
Lit exécuté à Paris.

La commodité a été le but principal que l'on s'est proposé d'atteindre dans la composition de cet ouvrage ; c'est pourquoi on a eu recours à des formes qui ne présentent aucun angle : tout est arrondi dans les contours des dossiers, des traverses et des pieds ; les ornements et les camées en émail sont incrustés dans l'épaisseur des bois. Une couronne de fleurs mêlée de pavots, sculptée, dorée et surmontée de plumes blanches, est suspendue au-dessus du lit, dont elle forme le baldaquin.

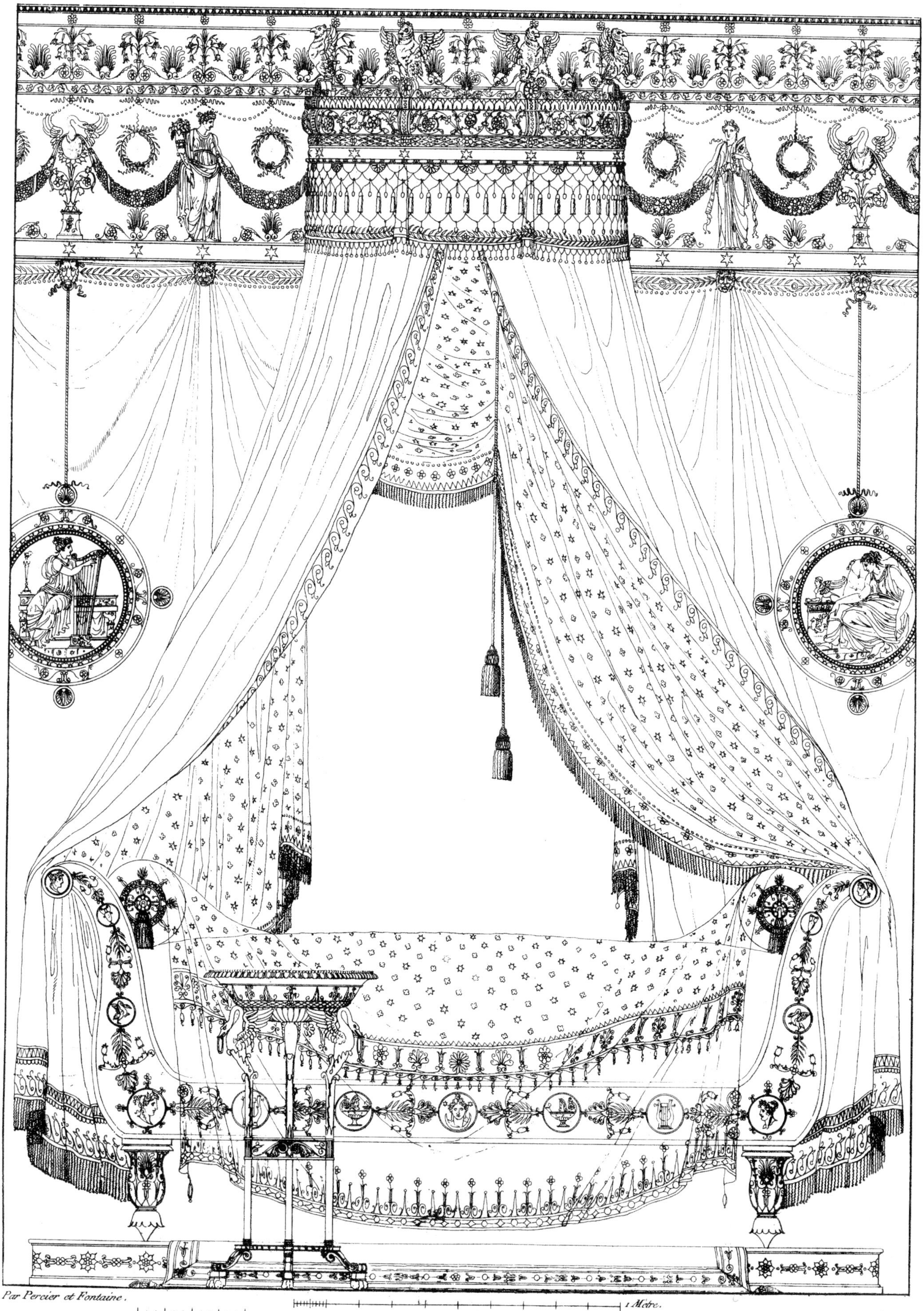

Par Percier et Fontaine.

1 Mètre.

6 Pieds.

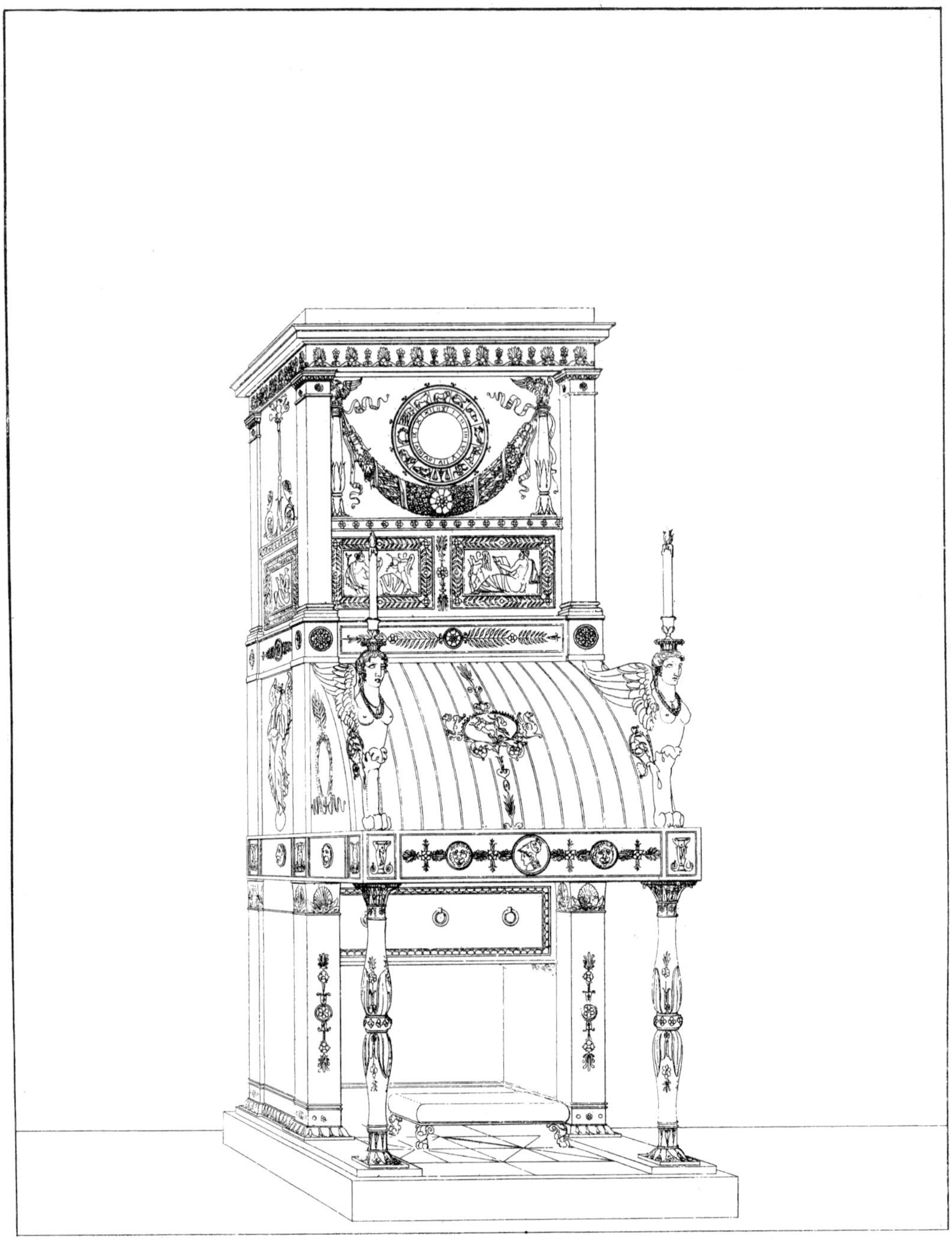

PLANCHE XX

Secrétaire exécuté à Paris.

Ce petit meuble, qui est destiné à resserrer des livres, des papiers et de l'argent, a, dans la partie élevée, une pendule ; au-dessous, des tiroirs à secret, au milieu, un cylindre mobile et des tablettes à coulisse pour écrire. Des chimères à chaque côté de la table portent des girandoles pour des lumières. Le tout est fait en bois de différentes espèces, recouvert en placage de bronze.

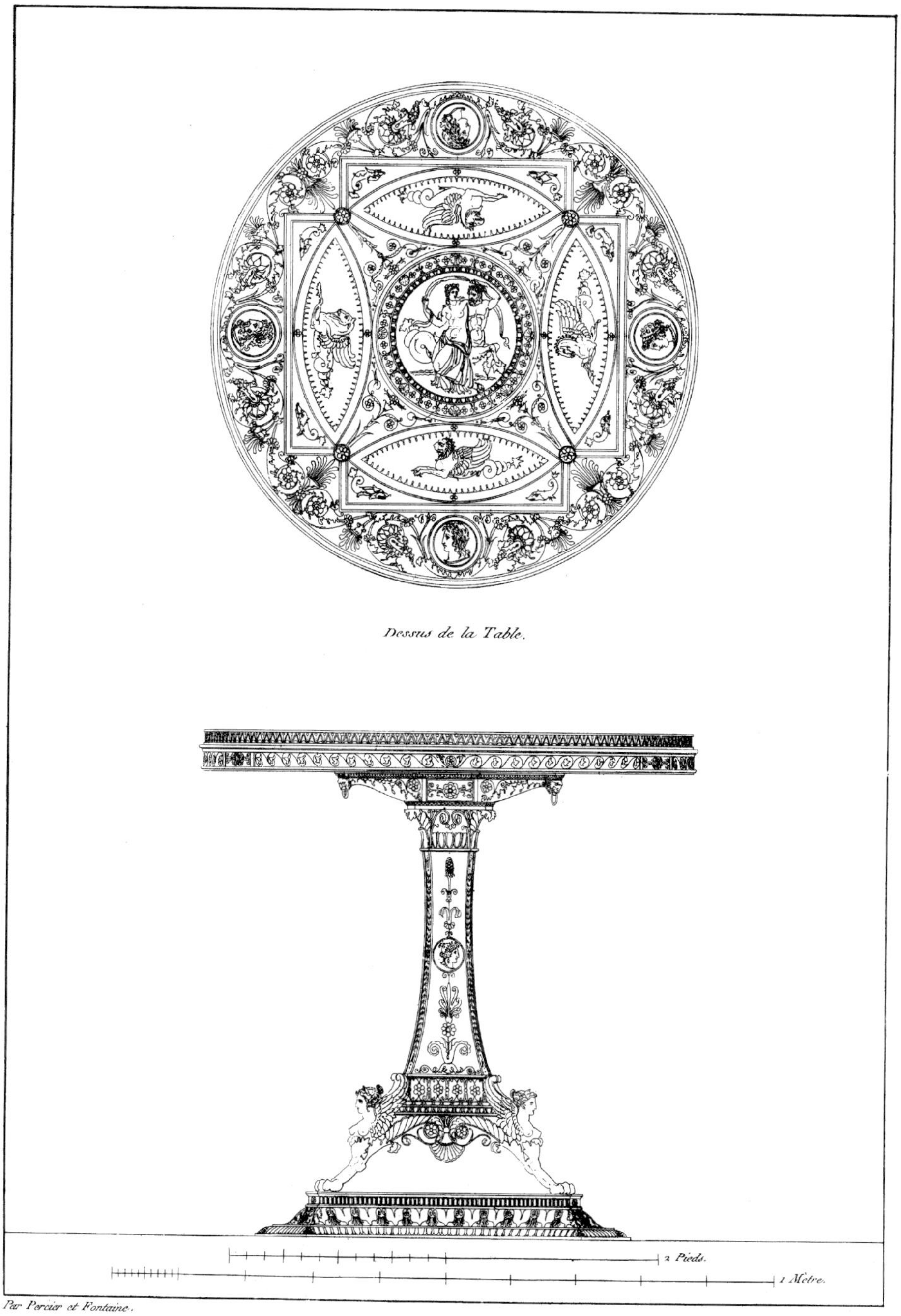

Par Percier et Fontaine.

PLANCHE XXI
Table à thé.

Le dessin de cette table a été envoyé en Russie pour y être exécuté en porcelaine et en bronze.
Les compartiments et les ornements qui décorent le plateau doivent être peints en coloris avec des fonds et des rehauts en or. Le sujet principal est la naissance d'Amphitrite, entourée de tritons et de dauphins.

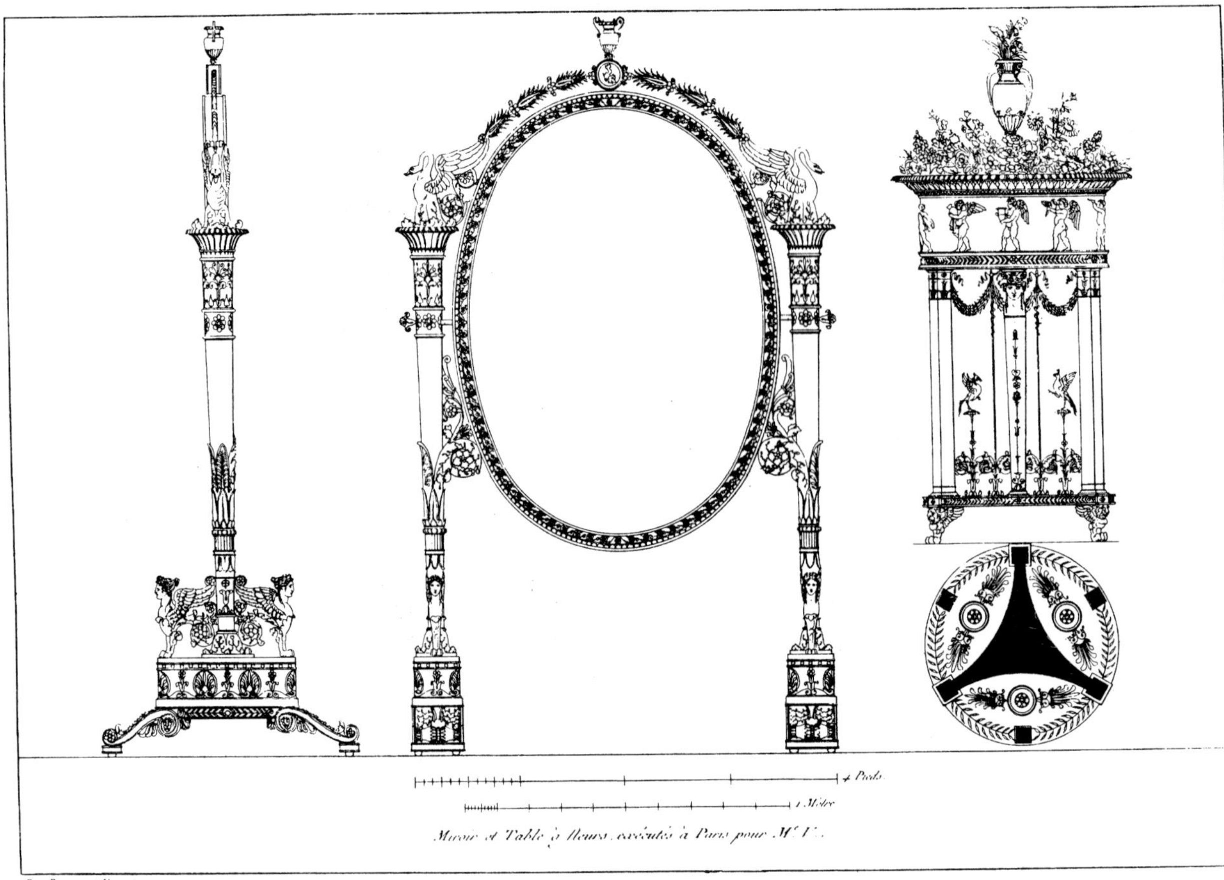

Par Percier et Fontaine.

Ci-dessus :
PLANCHE XXII
Miroir mobile et petite table à fleurs ou jardinière, exécutés pour l'intérieur de l'appartement dont on a donné la vue planche XIII.

Les supports et tout ce qui enveloppe la glace mobile, sont en bronzes dorés, ajustés sur une carcasse de fer. Les pieds posent sur des roulettes, et le miroir est soutenu par deux pivots qui servent à faire incliner à volonté. La petite jardinière est disposée pour être placée au milieu d'un boudoir : c'est une corbeille en tôle vernie, ornée de bronzes ; elle est soutenue par des gaines arabesques et des pilastres auxquels sont attachées des guirlandes.

Ci-contre :
PLANCHE XXIII
Candélabre, table de nuit, et petite table de travail ou chiffonnière.

Le premier de ces trois meubles est en bois doré ; il a été fait pour supporter une girandole. Le second est exécuté en bois d'acajou et en bronze. On a représenté sur la face principale un chien, symbole de la fidélité, et des ornements en feuilles de pavots, emblème du sommeil. La petite chiffonnière est composée d'une tablette en tiroir, d'une cassolette pour brûler des parfums, et d'un réseau en filet d'or suspendu aux angles pour déposer les ouvrages à l'aiguille, et autres ustensiles.

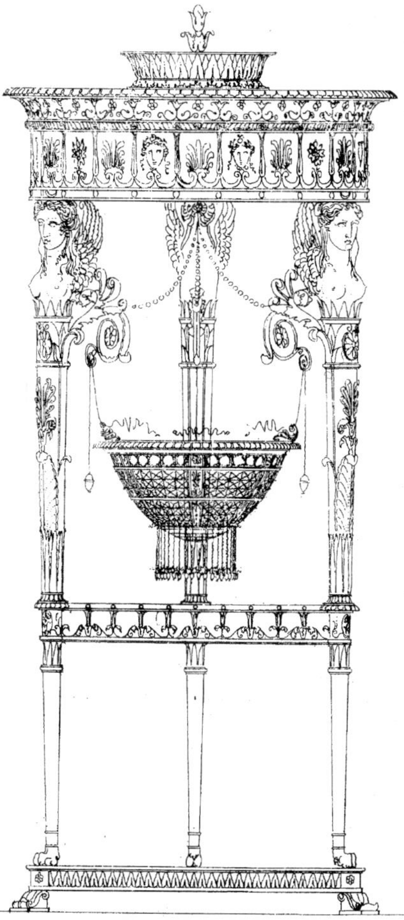

1 Pied.

4 Décimetres.

Petite Table de travail, renfermant une Cassolette, exécutée pour M.r M. à Paris.

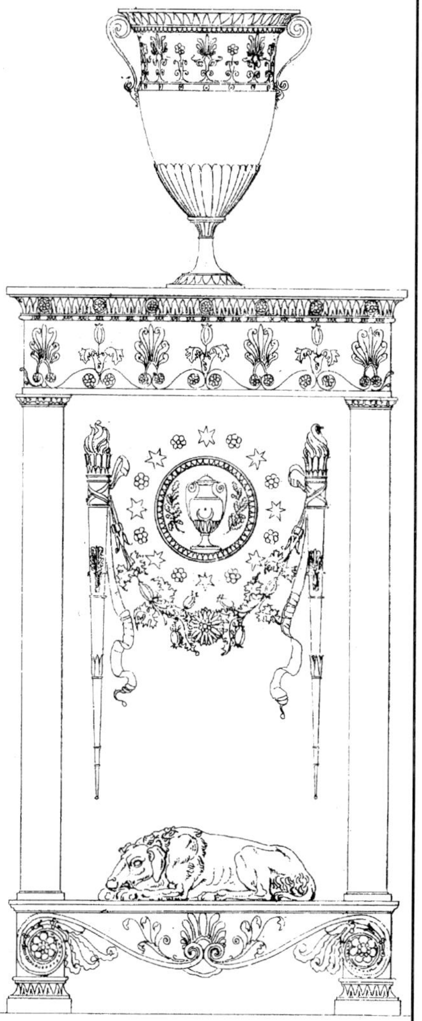

1 Pied.

5 Décimetres.

Table de nuit, executée à Paris pour M.r M. par les freres Jacob.

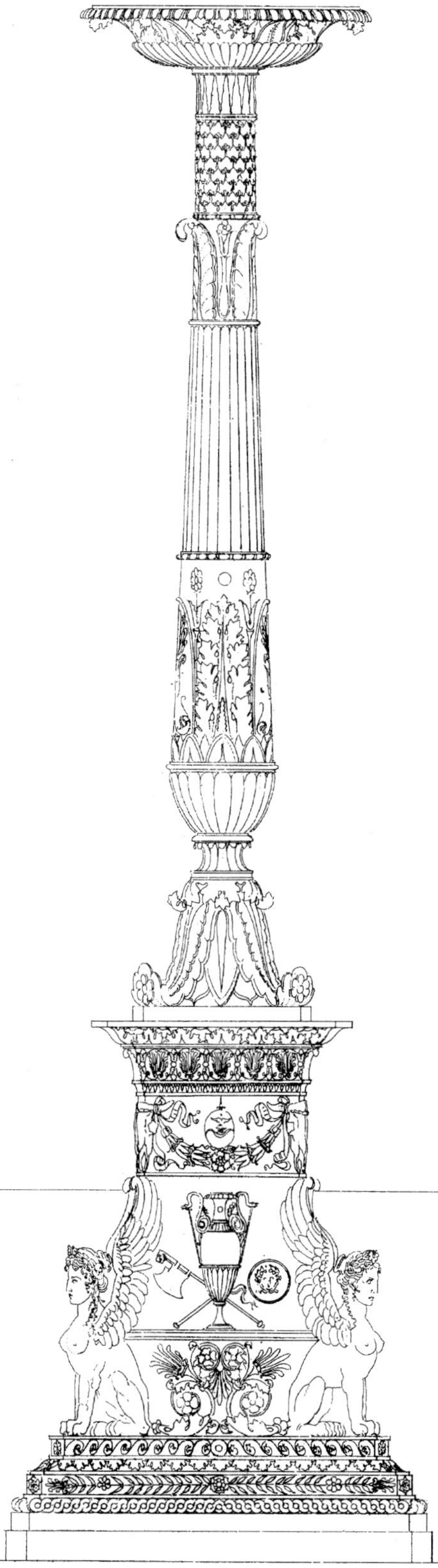

2 Pieds.

1 Métre.

Candélabre exécuté chez M.r D. à Paris.

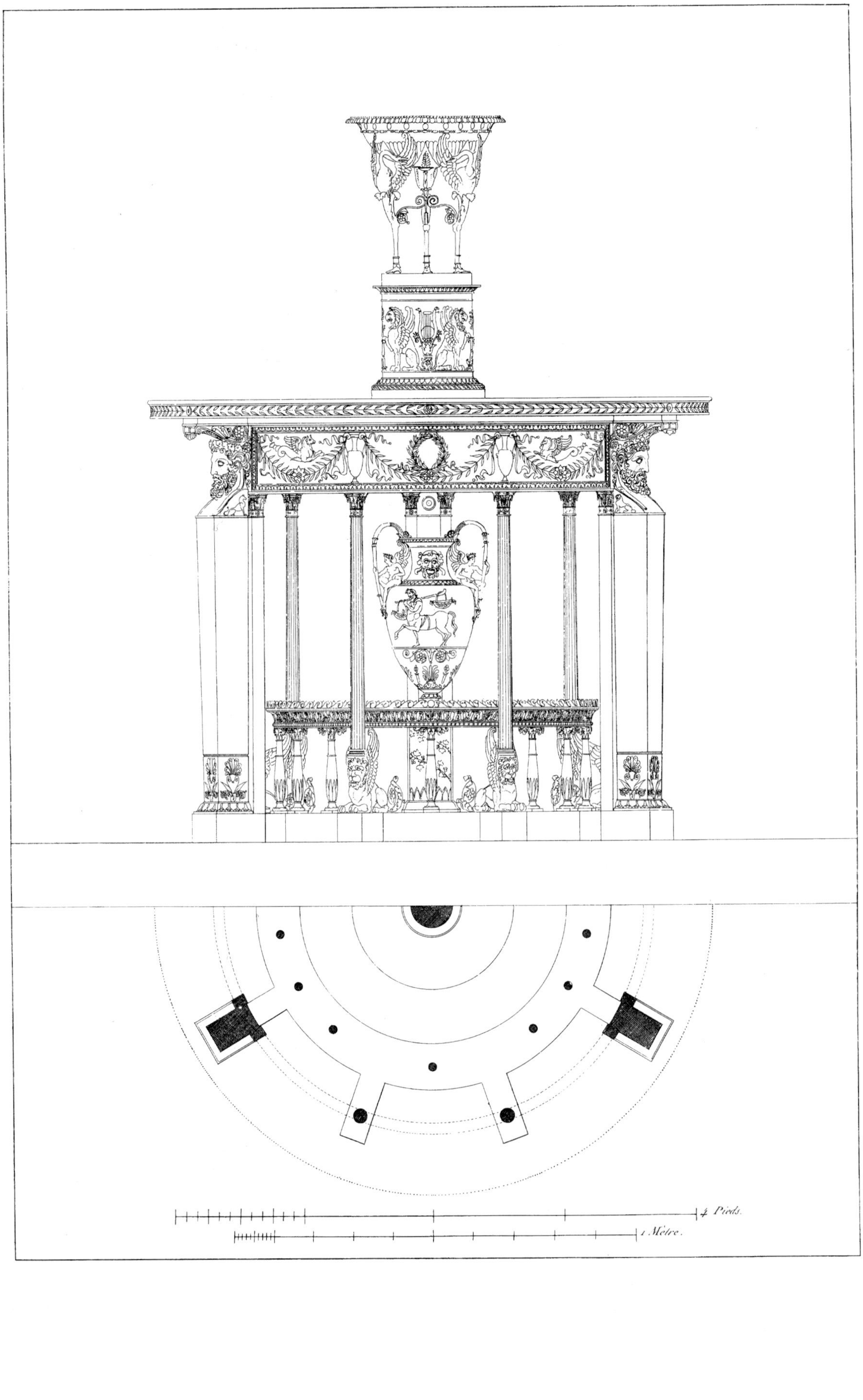
4 Pieds.
1 Metre.

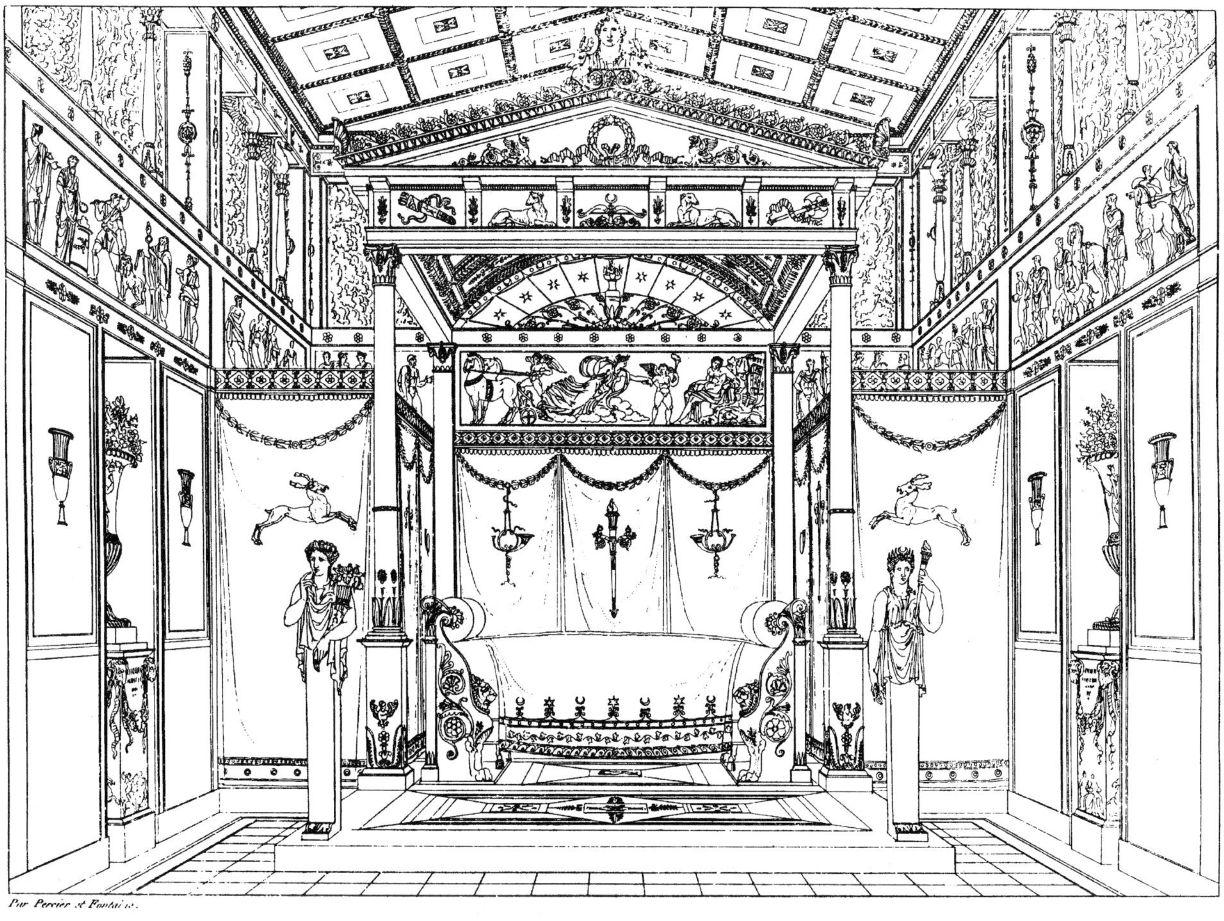

Par Percier et Fontaine.

Ci-dessus :

PLANCHE XXV

Vue d'un lit et d'une partie de la chambre dans laquelle il est placé.

La petitesse de la pièce que l'on avait à décorer et la forme beaucoup plus longue que large, ont fait imaginer, pour motif de la décoration du lit, un petit temple à Diane. Sa couverture légère est supportée par quatre petites colonnes arabesques, élevées sur des piédestaux. Les compartiments du plafond, les divisions de la corniche, de la frise sont couverts d'emblèmes et d'attributs qui ont rapport à Diane. Un bas-relief au fond du lit représente cette divinité conduite par l'Amour, dans les bras d'Eudymion ; les termes en avant de l'estrade figurent le silence et la nuit ; deux tentures en étoffes, à droite et à gauche de la première colonne, cachent l'entrée des garde-robes que donne l'isolement du lit. Le plafond de la chambre est rampant et suit l'inclinaison de la couverture du lit. Il paraît être soutenu sur des piliers à jour qui laissent apercevoir la verdure des arbres au milieu desquels on a supposé que ce petit temple avait été élevé.

Ci-contre :

PLANCHE XXIV

Table à thé, dont le dessin a été fait pour la Russie.

Elle est élevée sur un socle qui sert de base à un rang de balustres au-dessus desquels se trouve un premier plateau avec un vase de porcelaine au centre. Quatre termes en forme de gaines et huit colonnes arabesques en bronze qui reposent sur des têtes de chimères supportent la table, et la cassolette pour brûler des parfums.

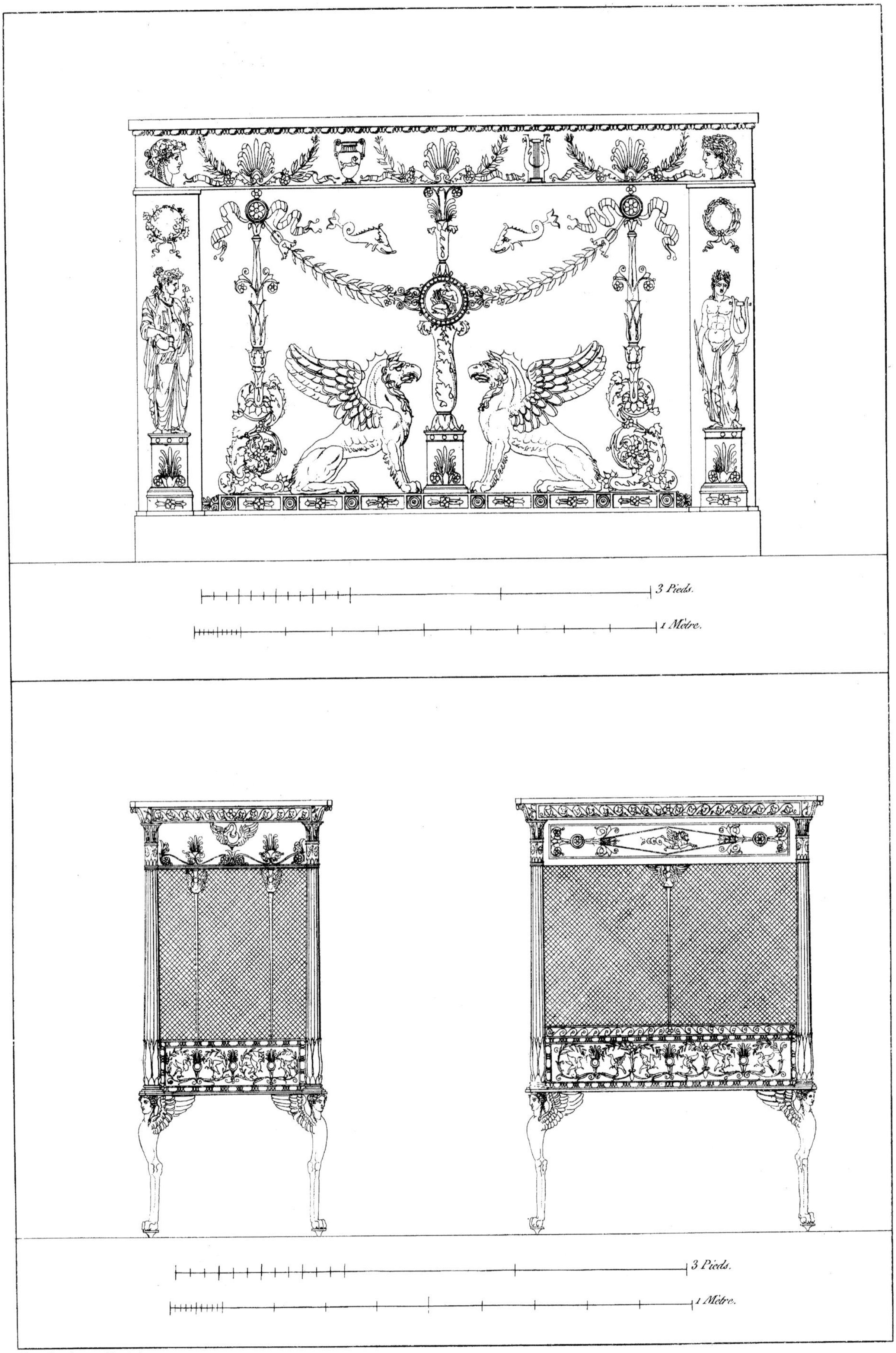

Par Percier et Fontaine.

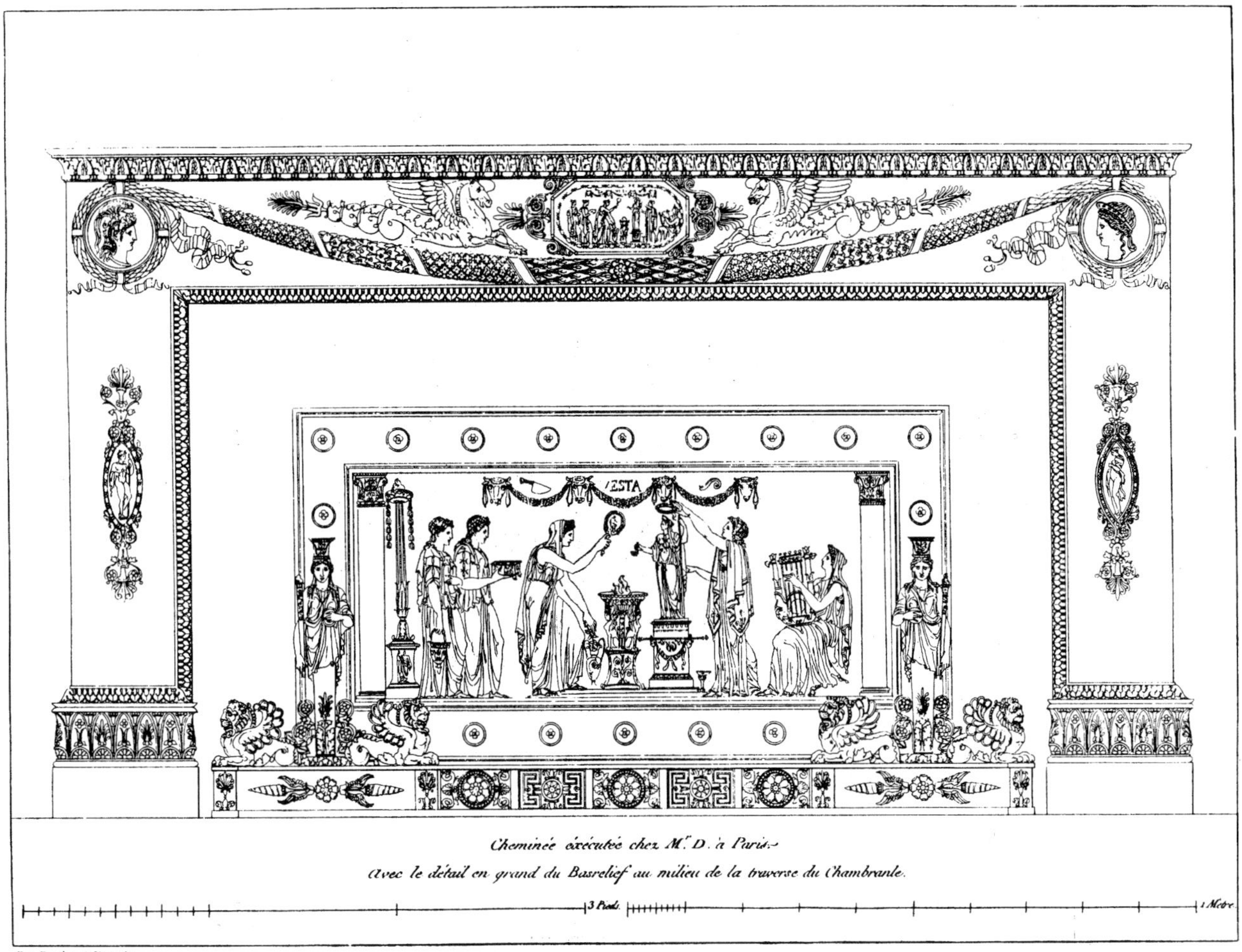

Par Percier et Fontaine.

Ci-contre :
PLANCHE XXVI
Commode et petite table exécutées à Paris.

La devanture de cette commode, dont les panneaux, en bois d'acajou, sont décorés avec des ornements en bronze doré, s'ouvre dans toute sa largeur par le moyen de ferrures à pivot placées dans l'épaisseur des bois ; les tiroirs à coulisse restent cachés derrière, et sont, par ce moyen, mieux garantis de l'air et de la poussière.
La chiffonnière, dont on a donné les deux faces, est composée de quatre petites colonnes en bronze dont la base repose sur des chimères ; les panneaux des quatre faces sont en grillage de laiton doré à jour, et la face du tiroir au-dessus est ornée d'incrustations en cuivre doré.

Ci-dessus :
PLANCHE XXVII
Chambranle de cheminée avec sa garniture.

Presque tous les revêtements de cheminées sont composés de plusieurs pièces de marbre attachées par des agrafes en fer ou cuivre, qui, liées par des mastics ou des plâtres, se disjoignent souvent à l'action du feu ; les joints inégaux que cet effet produit sont très désagréables à voir : c'est pourquoi on a simplifié la coupe de ce chambranle, et l'on a caché les joints des pieds-droits, sous le médaillon en cuivre et dans l'angle de la traverse. On a pris également soin de revêtir les arêtes, en cuivre, du côté du foyer, pour éviter les ruptures auxquelles elles sont exposées.

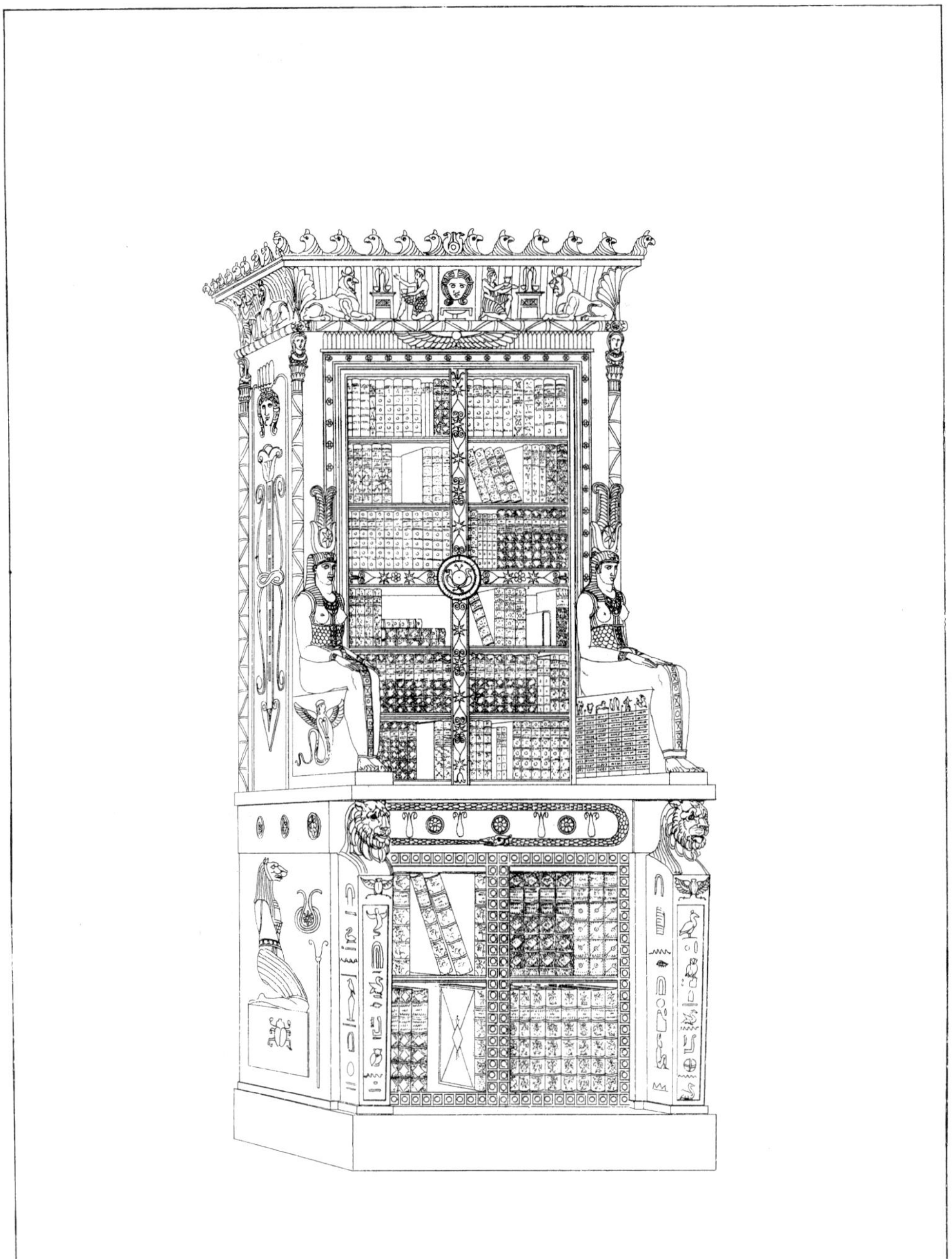

Par Percier et Fontaine.

PLANCHE XXVIII

Secrétaire servant de petite bibliothèque.

La forme égyptienne que l'on a adoptée avait été demandée pour mettre en évidence une suite variée de bois rares, et donner motifs à différentes incrustations. Les deux figures assises et les deux termes avec des têtes d'Osiris sont en bronze.

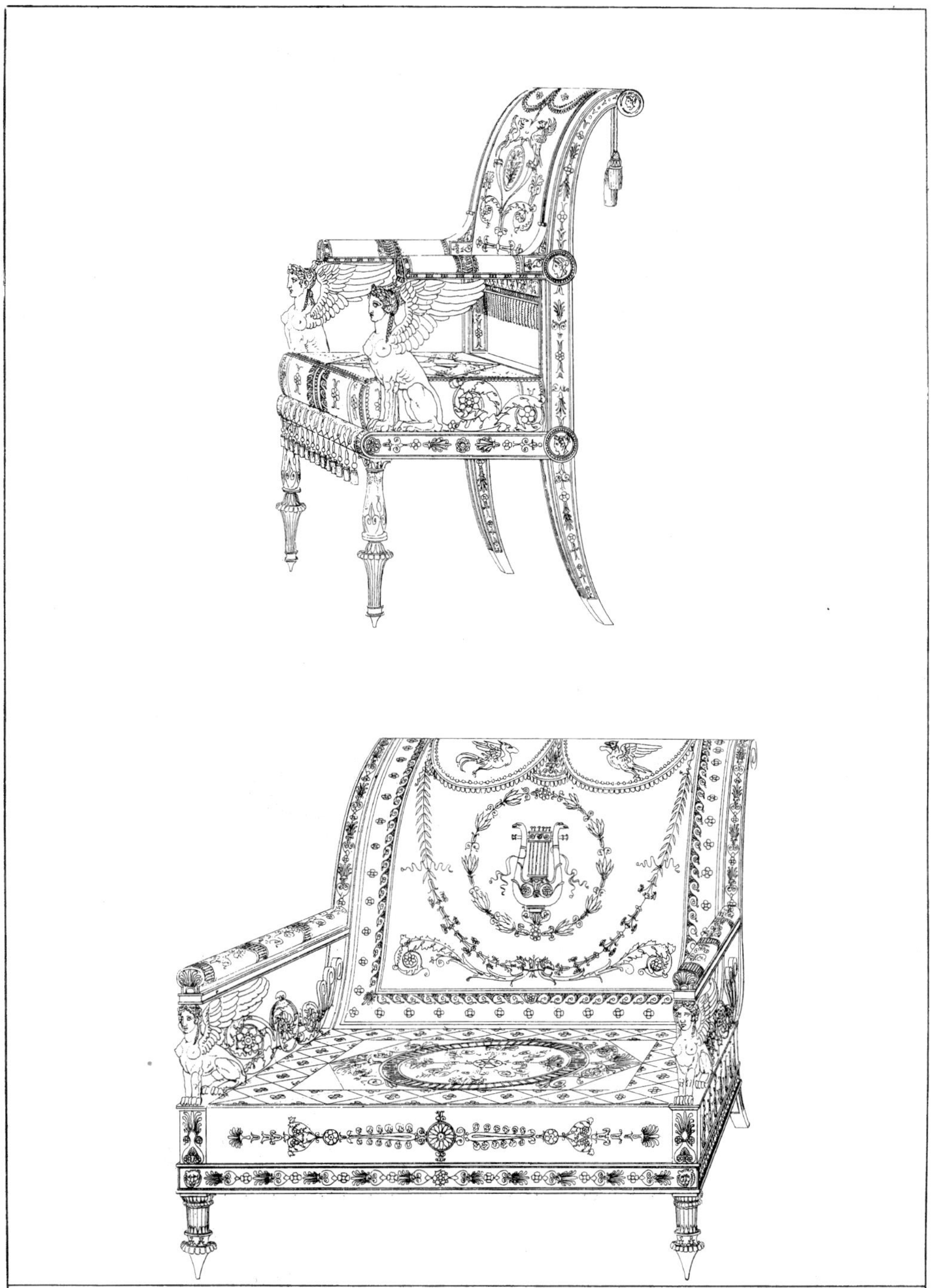

Fauteuil et Siège à deux places,
exécutés à Paris, pour M. le Ct. de S. en Russie.

Par Percier et Fontaine.

PLANCHE XXIX
Chaise et fauteuil à deux places exécutés à Paris.

On a cherché dans la forme de ces deux meubles à réunir la richesse, la commodité et l'agrément ; les bois y sont presque partout arrondis et recouverts en étoffe brodée, en soie, laine et or.

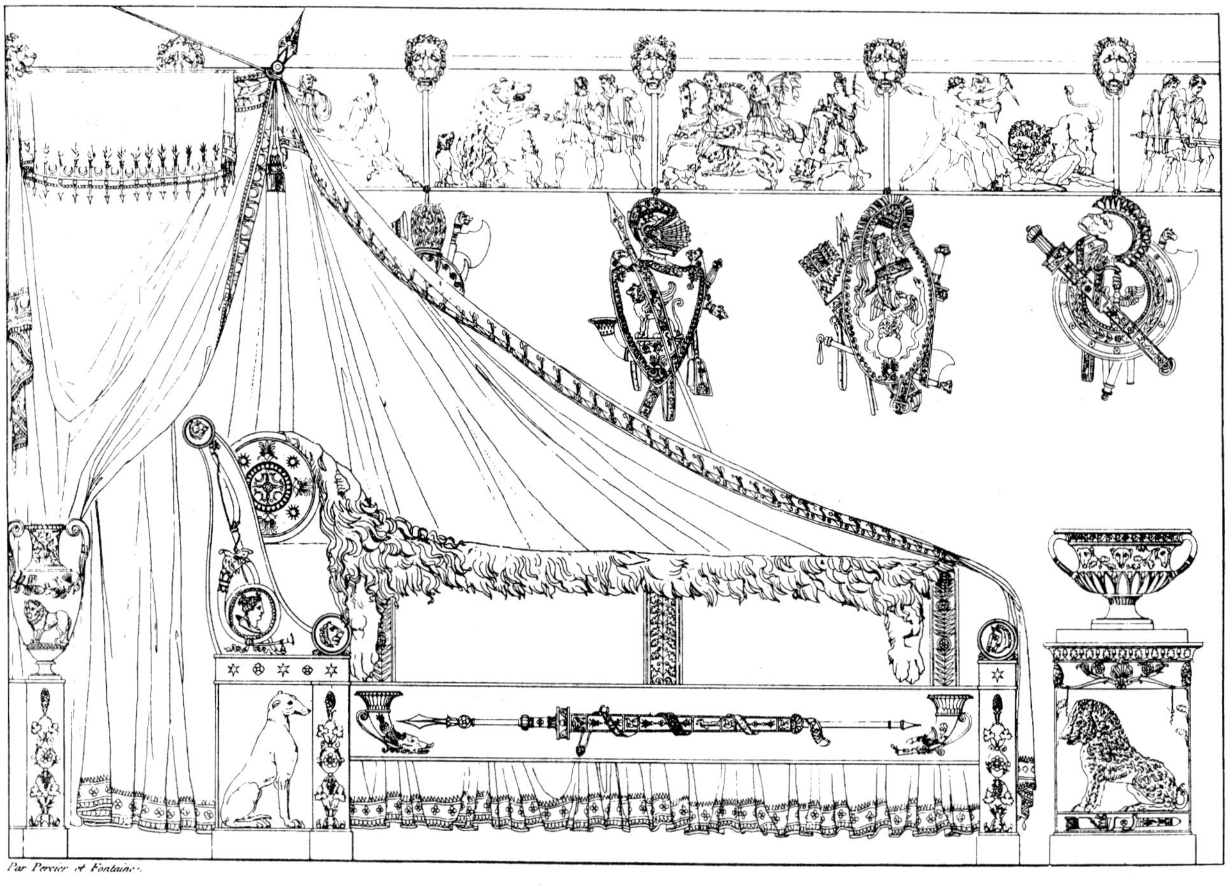

Ci-dessus :

PLANCHE XXX

Lit exécuté à Paris.

Sa forme, l'arrangement et la composition des accessoires, indiquent suffisamment qu'il a été fait pour un guerrier grand chasseur. Des armes de différentes espèces, des dépouilles d'animaux sauvages y servent d'ornements ; une flèche et un arc attachés au plafond soutiennent les draperies d'étoffes qui le garantissent de l'air et des insectes pendant la nuit ; les bas-reliefs peints sur le fond représentent des chasses d'animaux.

Ci-contre :

PLANCHE XXXI

Cheminée en avant d'une glace.

L'architecture de la galerie à l'extrémité de laquelle cette cheminée est placée offre une disposition d'ordonnance ionique, avec colonnes et pilastres en marbre ; la glace, qui occupe l'un des entre-colonnements et sur laquelle elle figure un meuble isolé, répète à l'infini la décoration de la pièce et multiplie les richesses dont elle est ornée.

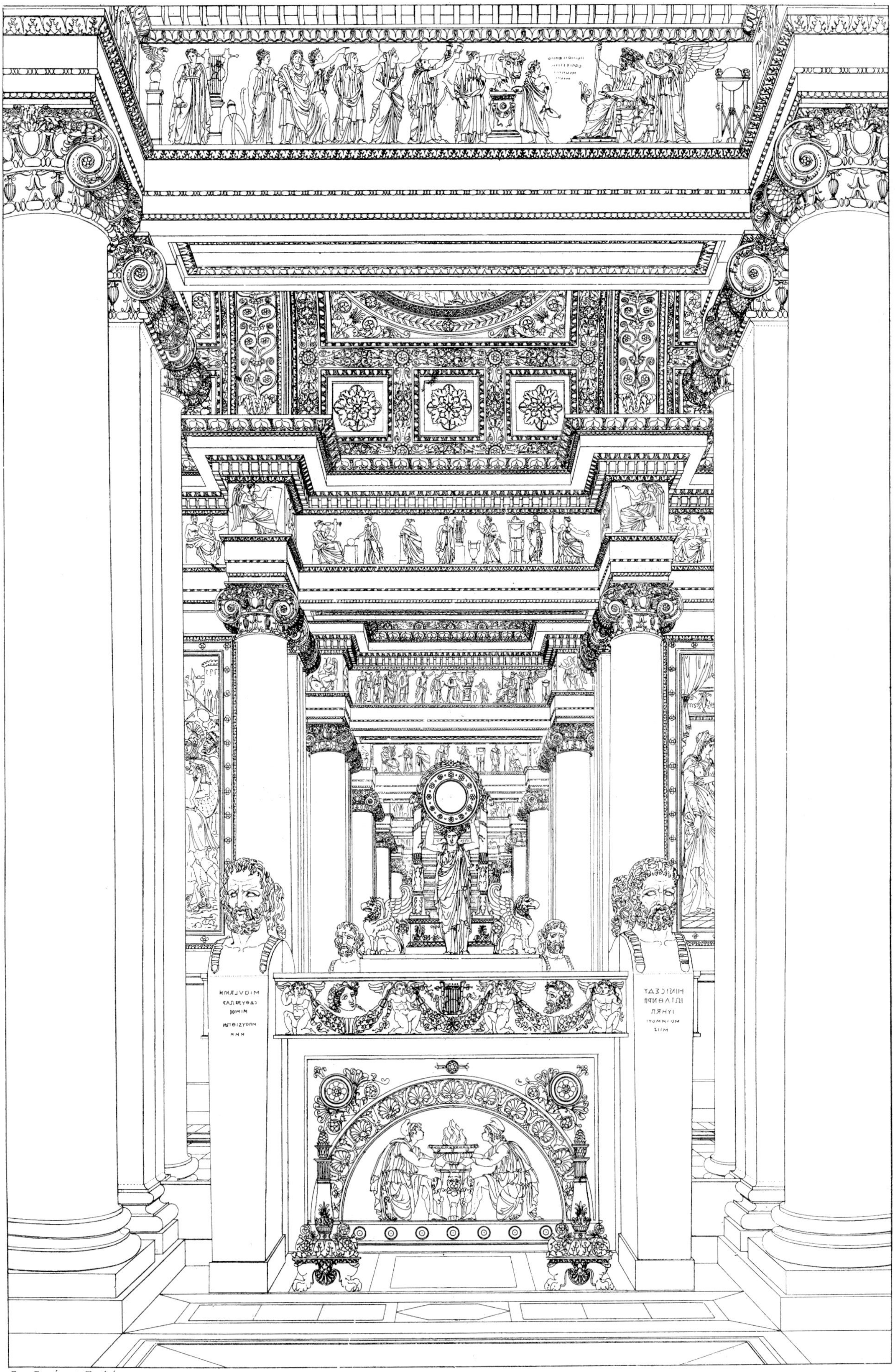

Par Percier et Fontaine.

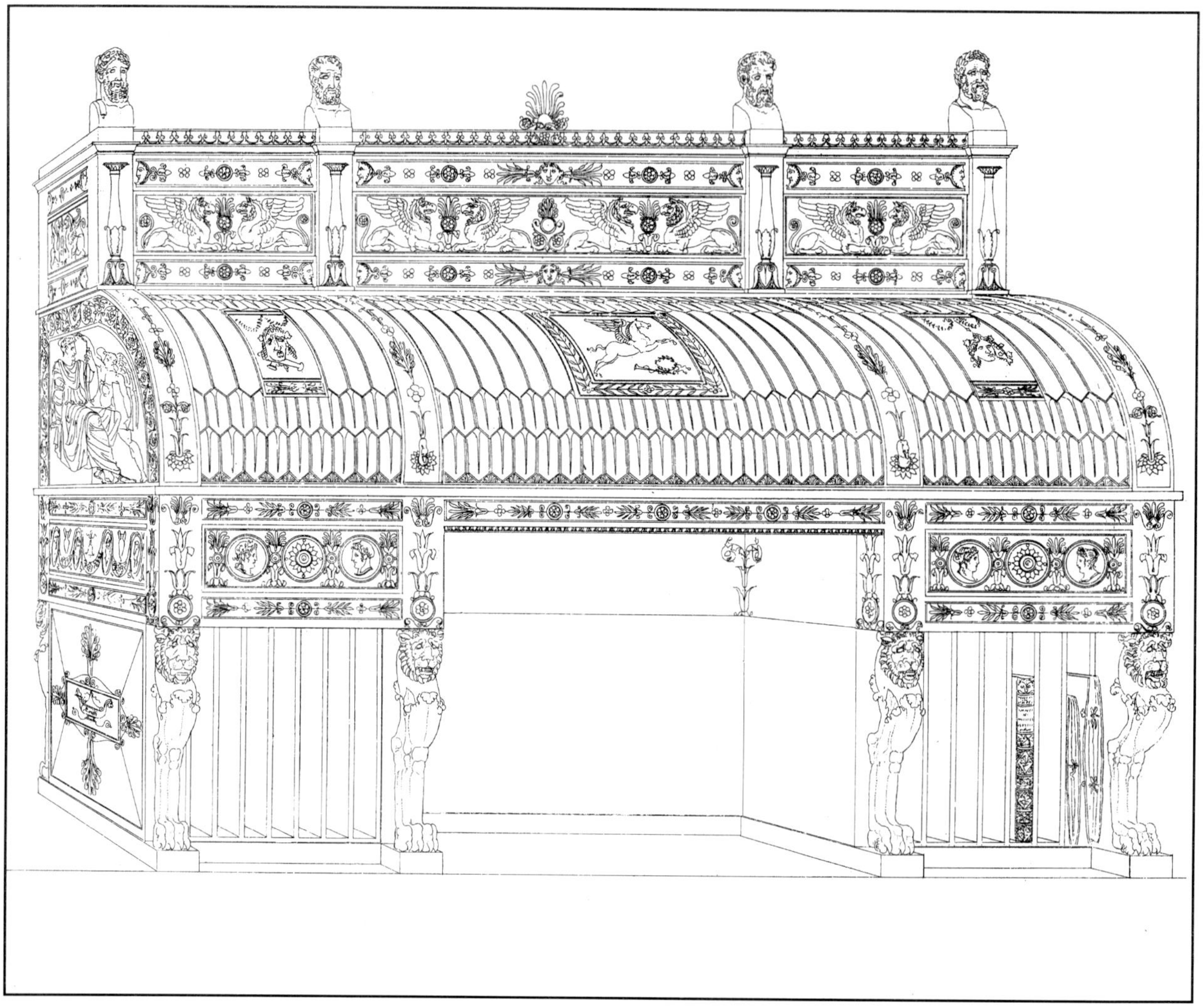

Ci-dessus :
PLANCHE XXXII
Secrétaire à cylindre.

Ce meuble, ainsi que le plus grand nombre de ceux que l'on vient de voir a été exécuté dans la fabrique de MM. JACOB, à Paris ; il est en bois d'acajou orné de bronze, avec différentes marqueteries ; l'intérieur renferme des cases, des tiroirs à secrets, et plusieurs divisions très utiles.

Ci-contre :
PLANCHE XXXIII
Trépied et vases.

Le trépied, qui peut rappeler par sa forme l'un de ceux trouvés dans les fouilles d'Herculanum, sert à brûler des parfums dans un appartement ; il est élevé sur un petit piédestal en marbre décoré de bas-reliefs représentant des courses de chars.

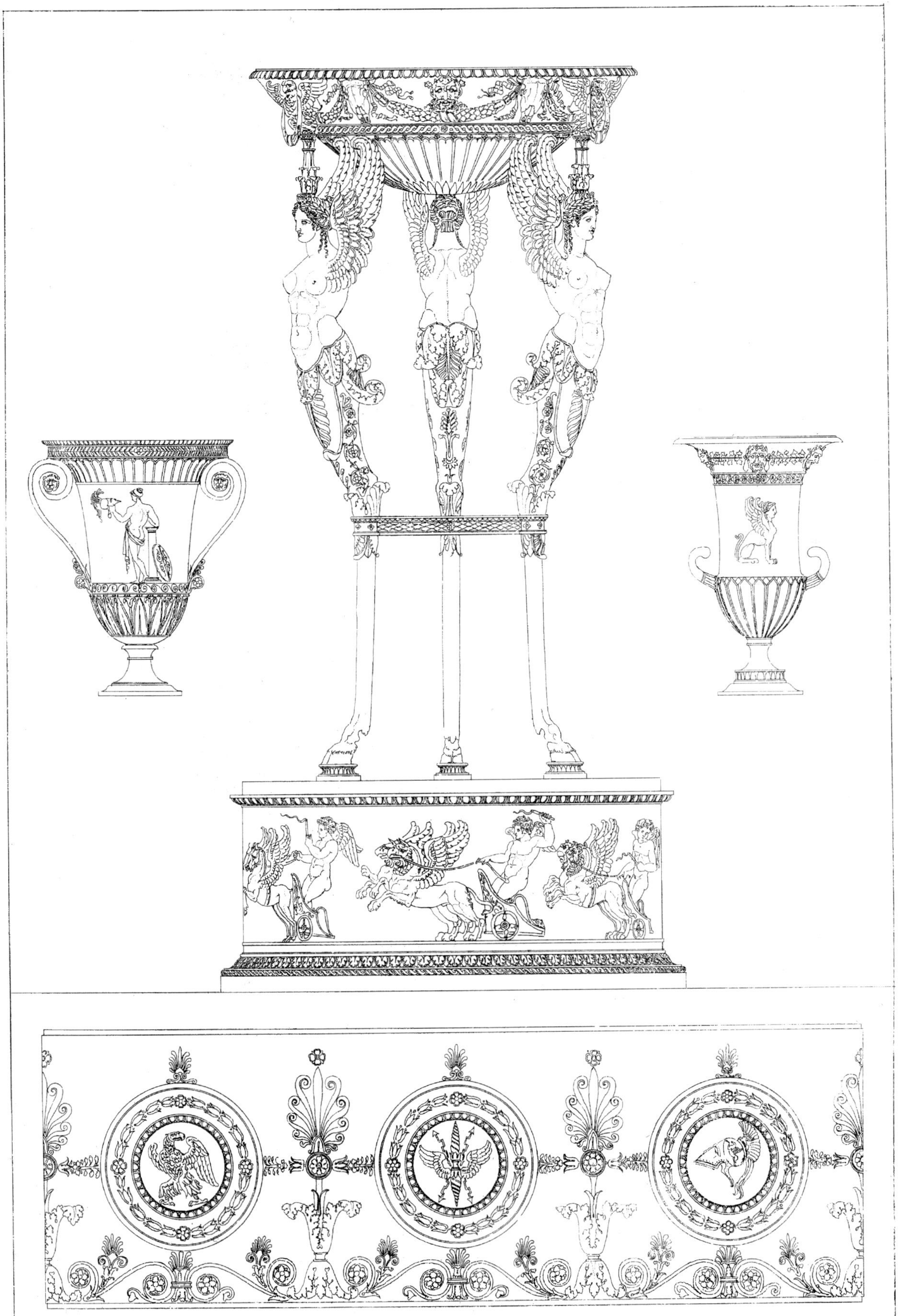

Par Percier et Fontaine.

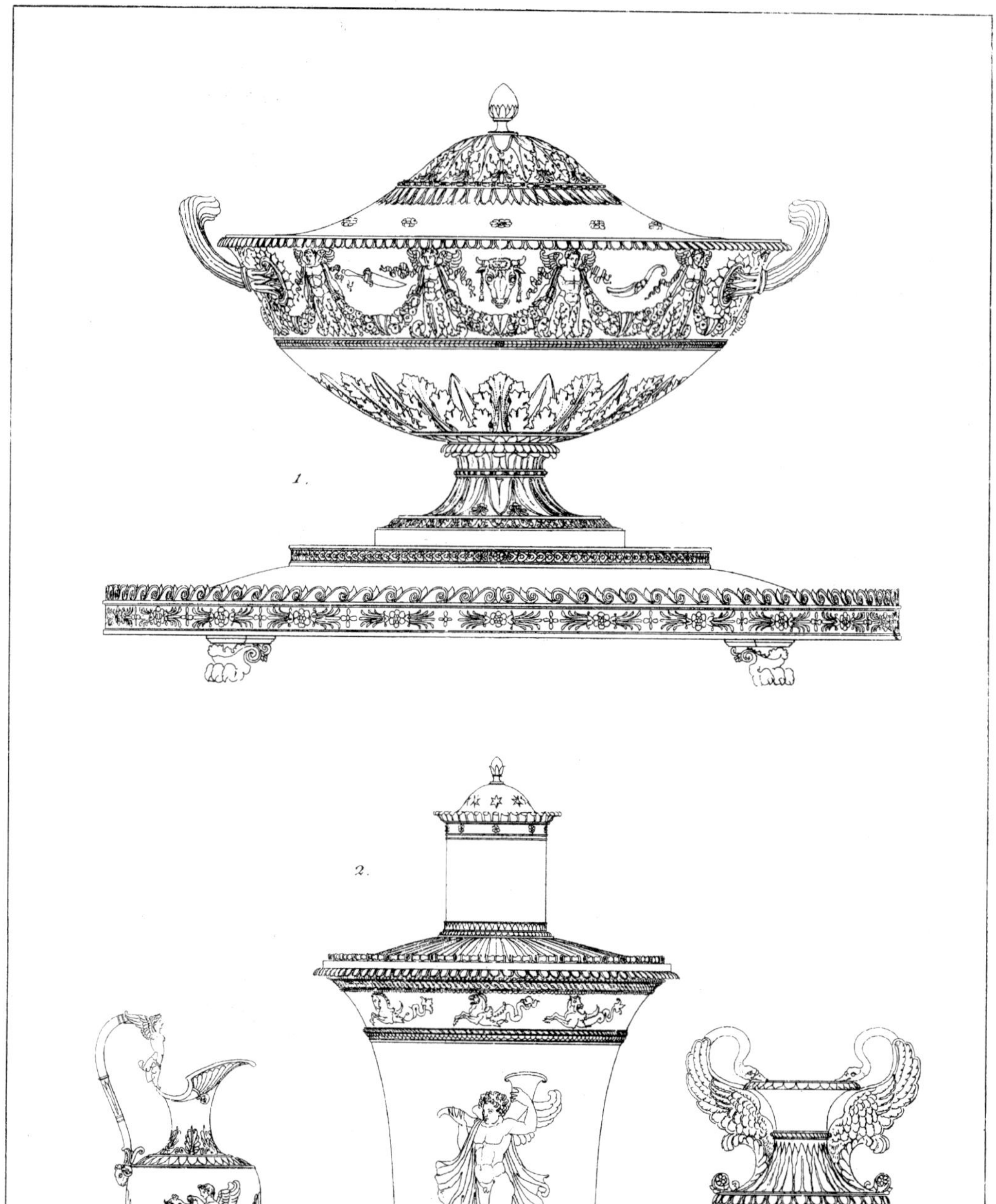

Par Percier et Fontaine.

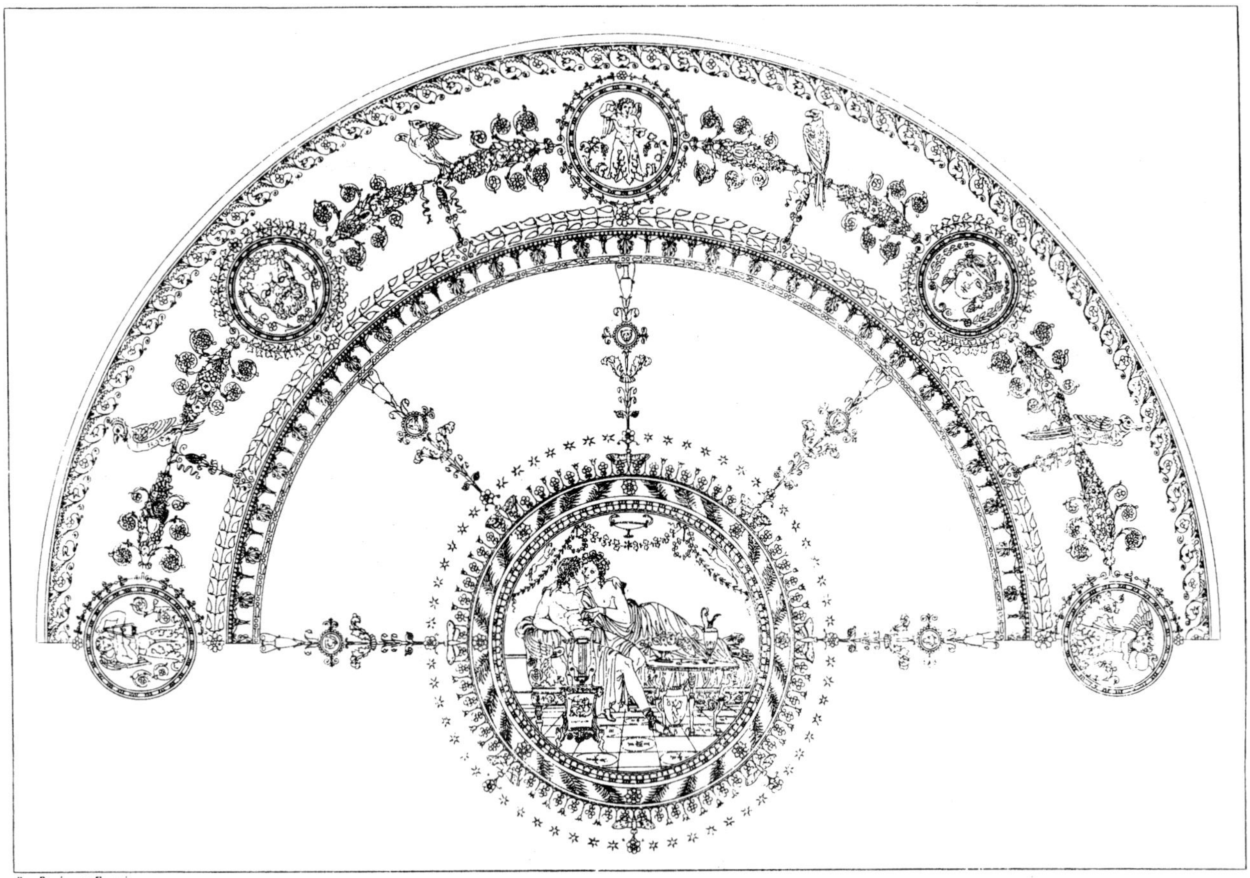

Par Percier et Fontaine.

Ci-contre :

PLANCHE XXXIV

Pot à oille, fontaine à thé et vases exécutés en argent et en vermeil.

Ces ustensiles d'orfèvrerie ont été faits avec un soin et une recherche extrêmes ; les ornements fondus et ciselés à part sont appliqués avec beaucoup d'adresse, sur les fonds pour lesquels ils ont été composés.

On ne saurait trop vanter l'habileté des ouvriers français pour ces sortes d'ouvrages.

Ci-dessus :

PLANCHE XXXV

Plateau de table en porcelaine

La manufacture de Sèvres voulant donner un exemple de ses moyens de fabrication les plus parfaits, avait projeté de faire exécuter un plateau de table d'un seul morceau et d'une dimension très grande ; l'on a proposé, pour en orner le dessus, de peindre au centre les amours d'Hélène et de Pâris, avec différents entourages analogues au sujet principal.

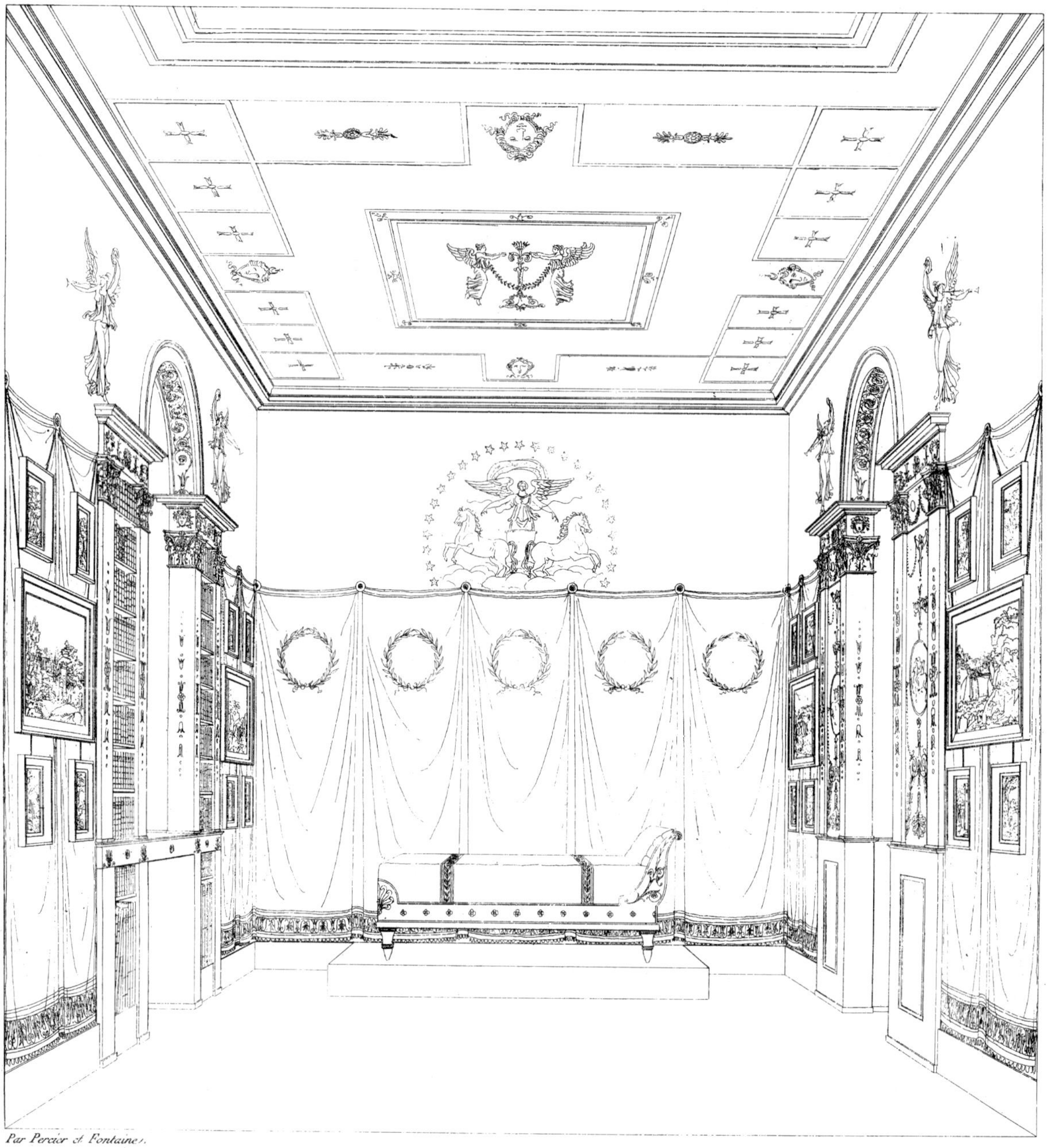

Par Percier et Fontaine.

PLANCHE XXXVI

Vue d'une chambre à coucher.

La décoration de cette chambre, l'une des moins riches de ce recueil, consiste dans l'ajustement de sa cheminée, formée de pilastres accouplés, qui portent un arc. Deux corps de bibliothèque remplissent l'espace entre les pilastres à droite et à gauche de la cheminée ; le reste de la pièce est tendu en draperies plissées sur lesquelles sont attachés des tableaux de prix. Le sujet, peint dans un cercle d'étoiles au-dessus des draperies derrière le lit, représente Diane sur un char, les ailes étendues, et couvrant la terre de son voile.

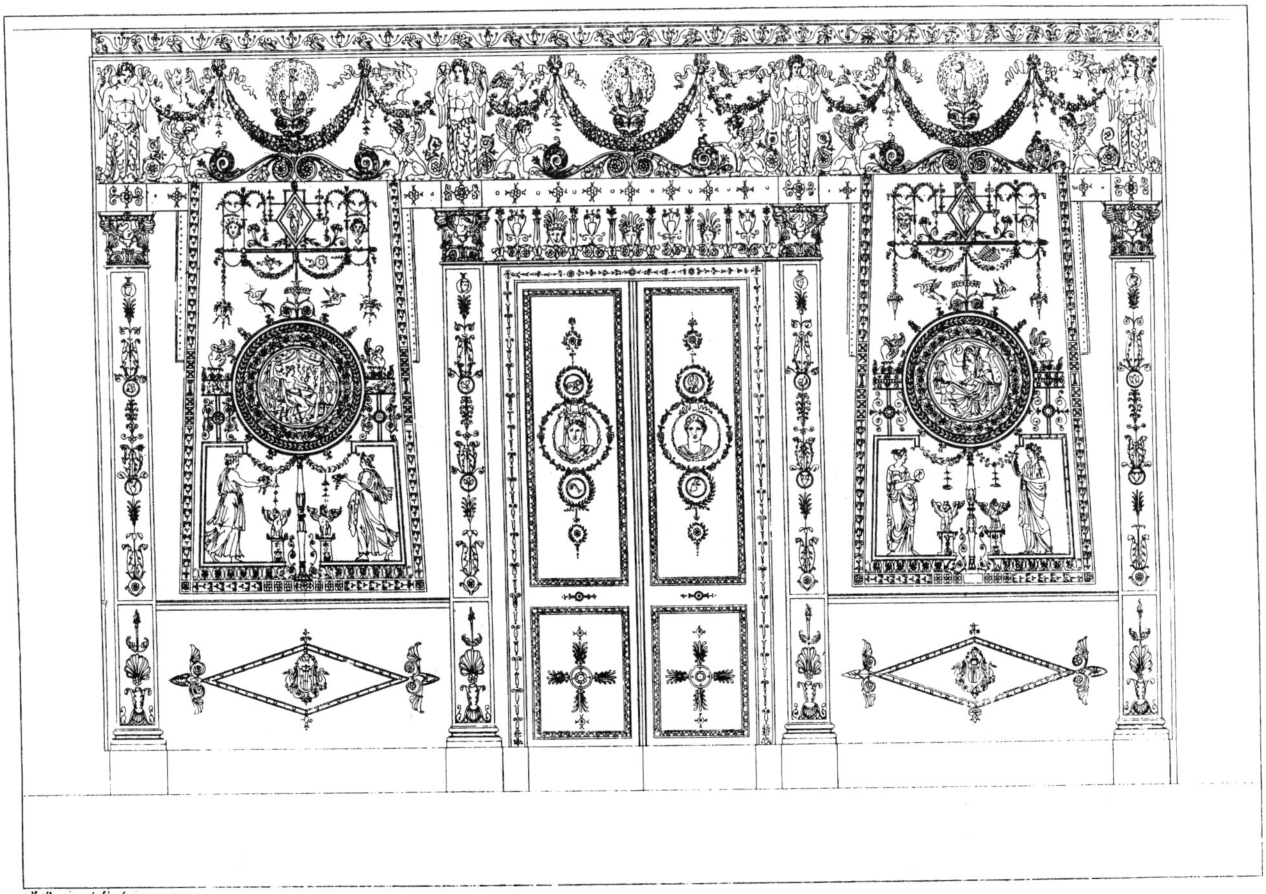

Ch. Percier et Fontaine.

PLANCHE XXXVII

Face latérale d'une chambre à coucher.

On voit par la richesse et l'abondance des ornements qui entrent dans l'ensemble de cette composition, qu'elle a été faite pour la chambre à coucher d'une femme ; celle décrite sous le n° précédent est la chambre du mari. En les comparant ensemble, on remarquera que l'une, tendue en draperies de laine, n'a pour décoration que des tableaux et des livres, placés entre des pilastres à droite et à gauche d'une cheminée. L'autre présente une ordonnance de pilastres entre lesquels des tapis ornés paraissent suspendus à l'architrave de l'ordre ; une frise fort riche, composée de rinceaux, de figures chimériques et de guirlandes, couronne le tout au pourtour de la pièce. Ces ornements qui ont quelques rapports avec les attributs des grâces et de la Beauté, sont peints en coloris sur des fonds clairs et rehaussés d'or.

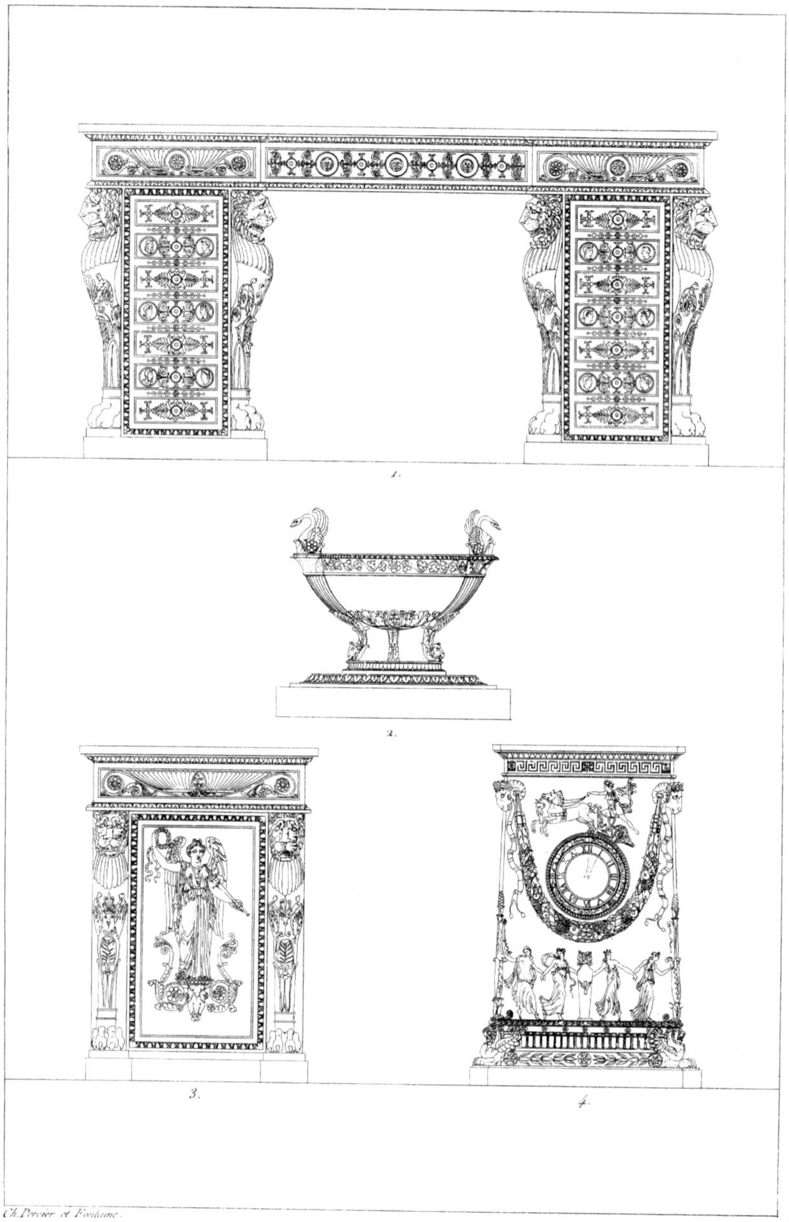

Ci-dessus :

PLANCHE XXXVIII

Bureau, pendule et vase.

Ce bureau, composé de deux corps de tiroirs, soutenu par quatre pieds de chimères en bronze, est exécuté en bois d'acajou avec des incrustations de différentes natures ; la pendule, quoiqu'elle fasse le sujet de ce meuble, n'y est placée que comme accessoire : elle occupe la face d'un piédestal destiné à porter un vase ou une figure. Le bas-relief au-dessus du cadran représente Apollon ; celui au-dessous les heures dansant autour du temps.

Le petit vase, exécuté en argent, a été fait pour entrer dans la composition d'un service de table, et sert de salière.

Ci-contre :

PLANCHE XXXIX

Candélabre en cuivre doré, disposé de manière à porter quatre lampes à courant d'air. Table à thé soutenue sur une colonne en bronze et sur des enroulements de rinceaux légers. Table ou chiffonnière portée sur des pieds de chimères ailées. Petite pendule dont le cadran est porté sur les ailes d'un aigle ; les saisons sont représentées en bas-relief sur son piédestal. Grand fauteuil et bergère recouverts en panneaux d'étoffe de velours brodé et tabouret pliant dans la forme d'un X.

On doit remarquer que l'on a cherché à subordonner en tous points la décoration de ces différents meubles d'usage ordinaire aux conditions exigées par leur utilité.

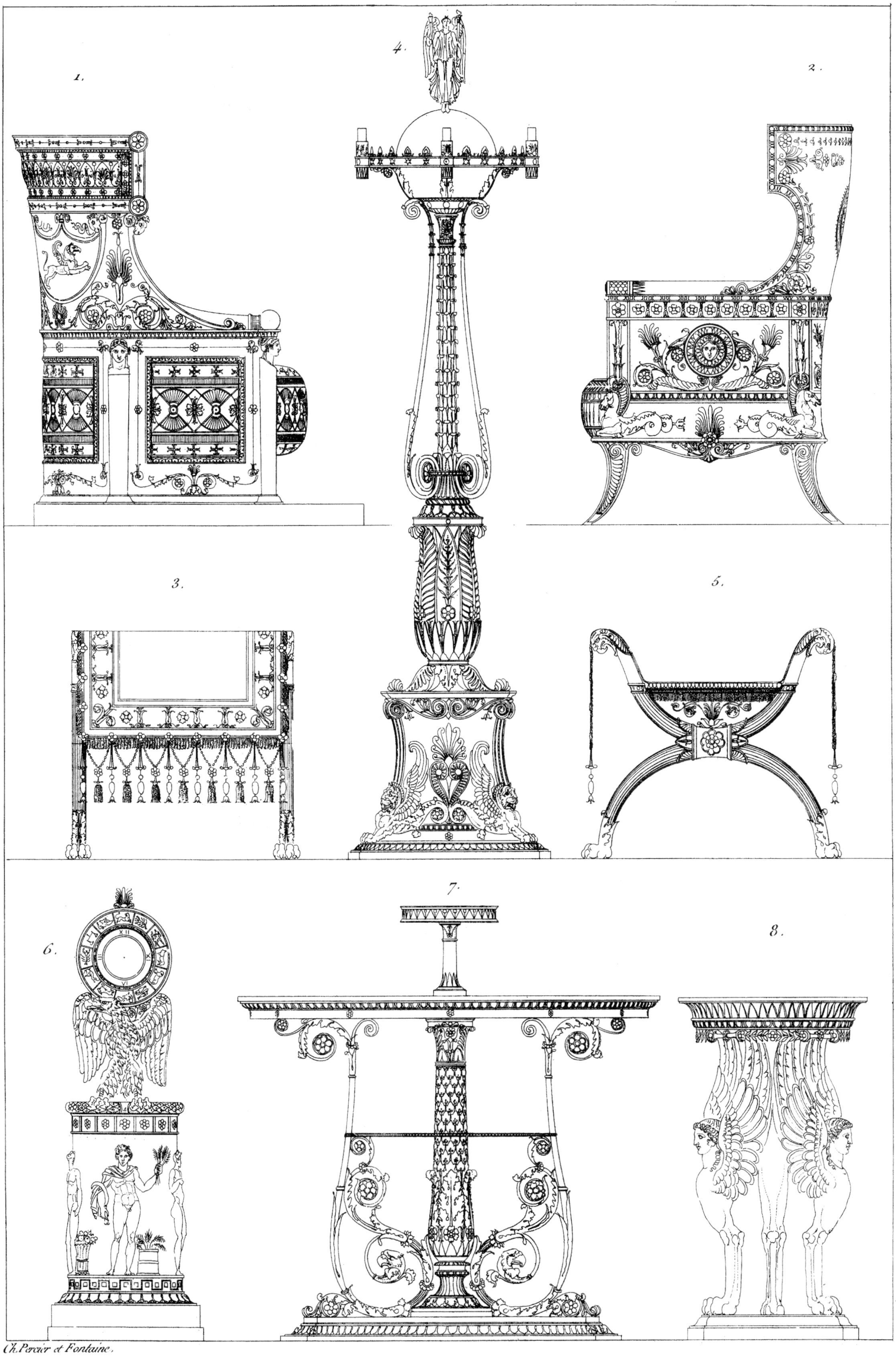

Ch. Percier et Fontaine.

1.

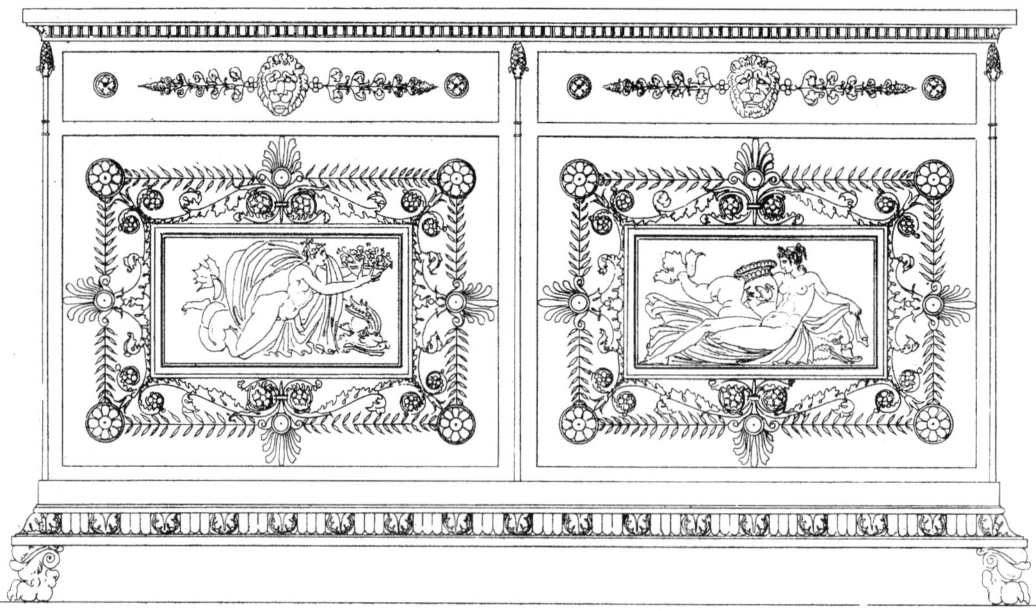

2.

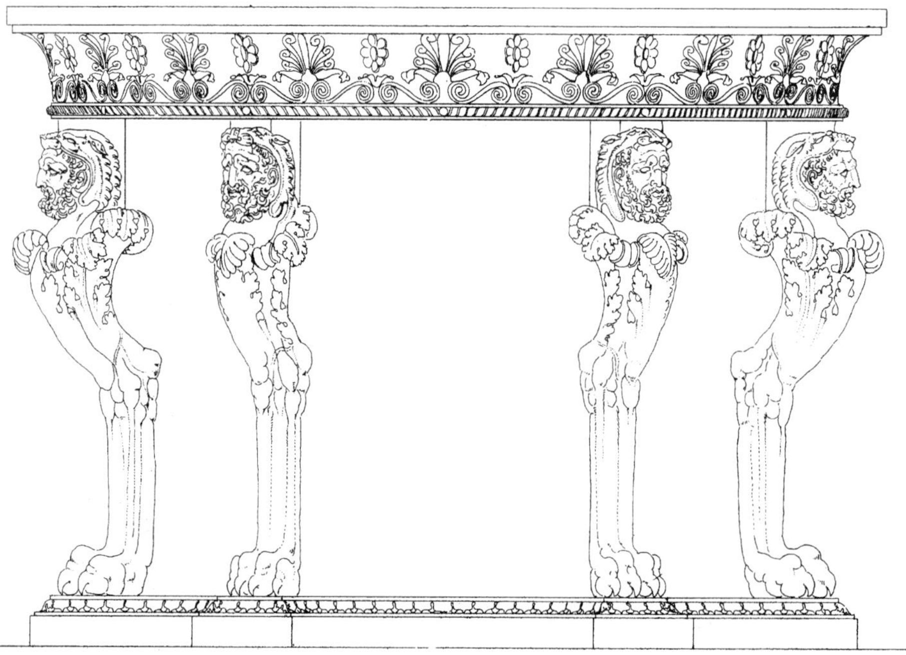

3.

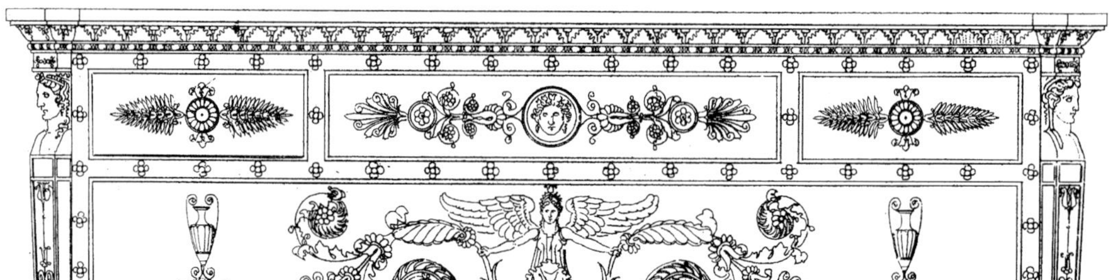

Ch. Percier et Fontaine.

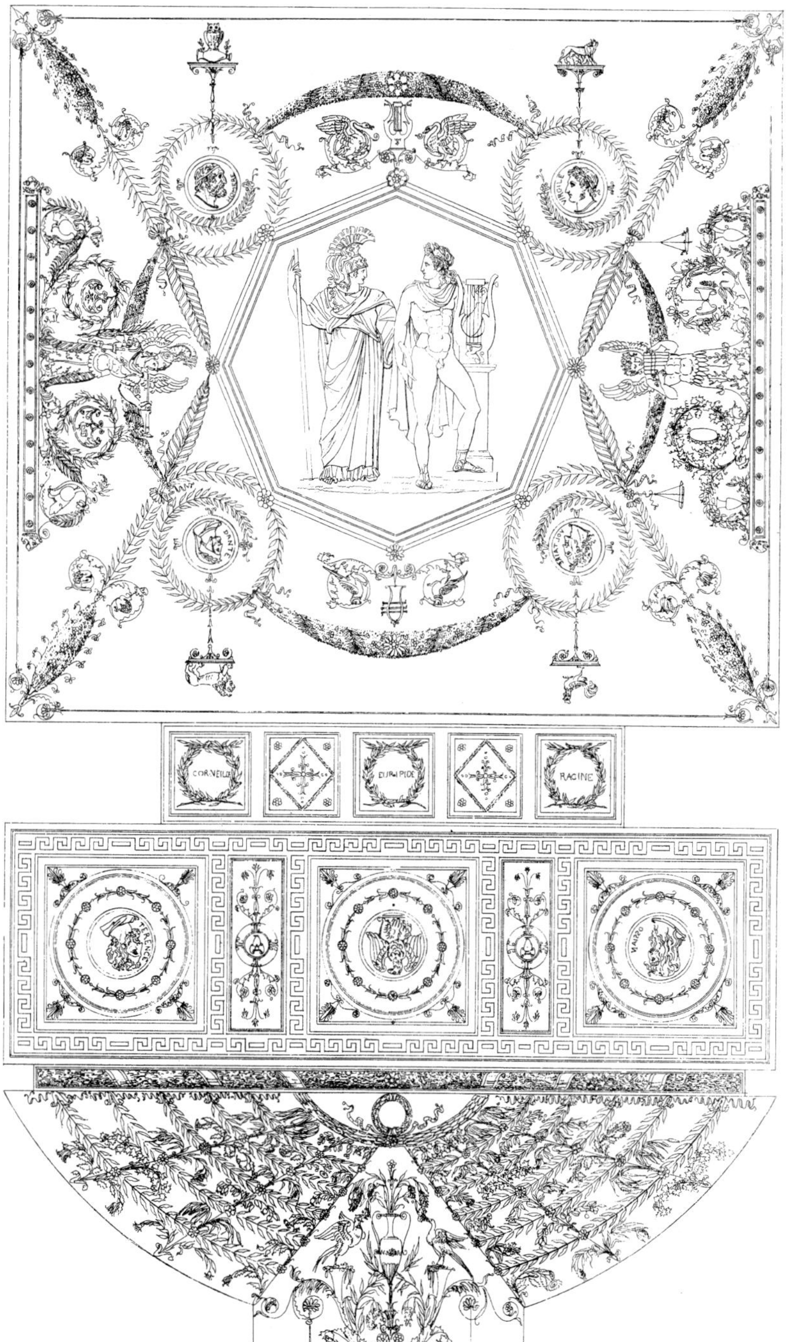

Ci-contre :

PLANCHE XL

Deux commodes fort riches.

La première est recouverte par des panneaux qui s'ouvrent et cachent les tiroirs ; les ornements sont en bronze et en application de nacre et de perle. La seconde a ses tiroirs apparents en dehors ; les ornements sont également en bronze.

La table ronde, sous le n° 2, destinée à être placée au milieu d'un salon, est une imitation de ces tables antiques dont les fragments, étaient conservés au muséum du Vatican.

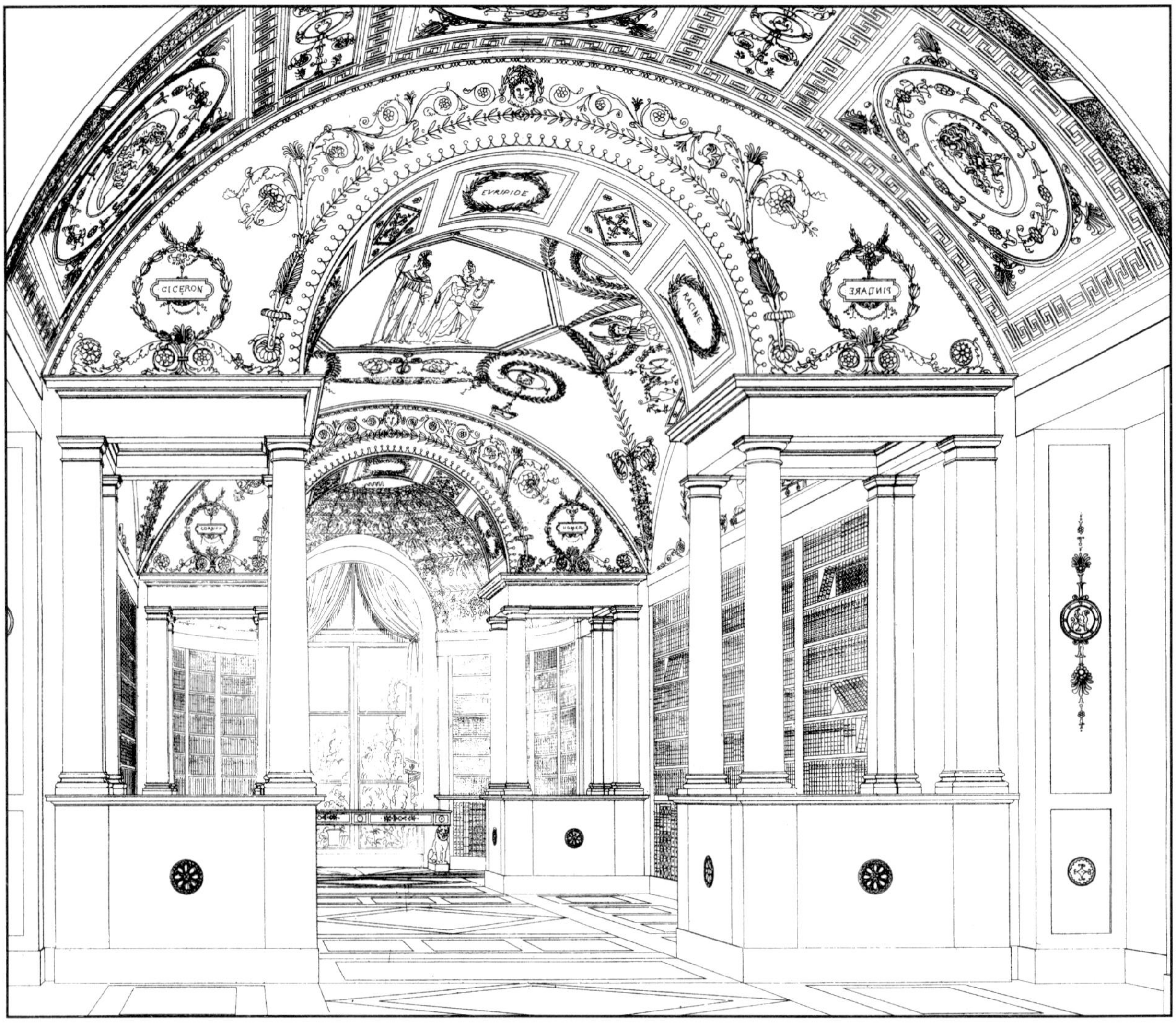

Page précédente et ci-dessus :

PLANCHE XLI et XLII

Vues et détails du plafond de la bibliothèque du Premier Consul, à Malmaison.

La disposition de l'emplacement qui avait été choisi pour faire cette bibliothèque a nécessité sa division en trois parties, et a motivé l'ordonnance des colonnes doriques à jour, qui supportent des arcs formant pignons.

Au milieu des deux portions de cercle qui terminent la pile, au levant et au couchant, on trouve d'un côté une porte croisée ayant son issue sur l'avenue du jardin, et de l'autre une cheminée avec une glace sans tain, donnant sur la campagne. Le sujet principal du plafond représente Apollon et Minerve. Les têtes offrent les portraits des plus célèbres auteurs anciens, et les noms de ceux dont les ouvrages servent de modèles remplissent avec des entourages de lauriers les autres parties des voûtes.

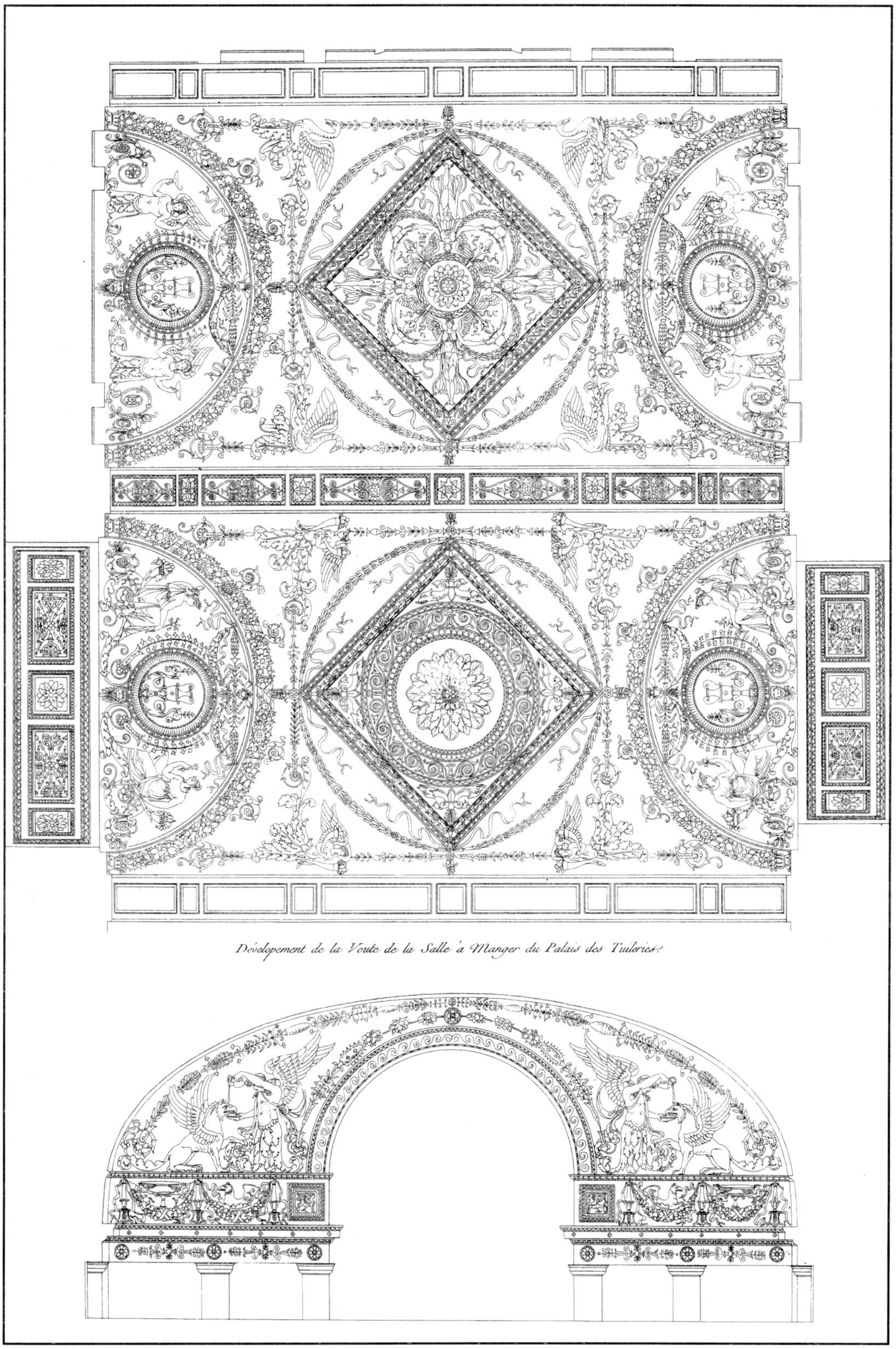

PLANCHE XLIII

Décoration des voûtes et de l'un des pignons de la salle à manger du Palais des Tuileries.

La forme surbaissée de ces voûtes, celle des lunettes qui les pénètrent, ont en quelque sorte prescrit cette subdivision de compartiments arabesques. Une ordonnance de pilastres accouplés portant des arcs forme la décoration de la pièce. Des glaces placées entre chaque subdivision répètent à l'infini les richesses du plafond et ces mouvements de l'ensemble général. Cette disposition, qui ajoute beaucoup à la magnificence, a aussi pour but de donner plus de lumière à la salle, qui, dans une longueur de cinquante pieds, n'a pu être éclairée que par une seule croisée.

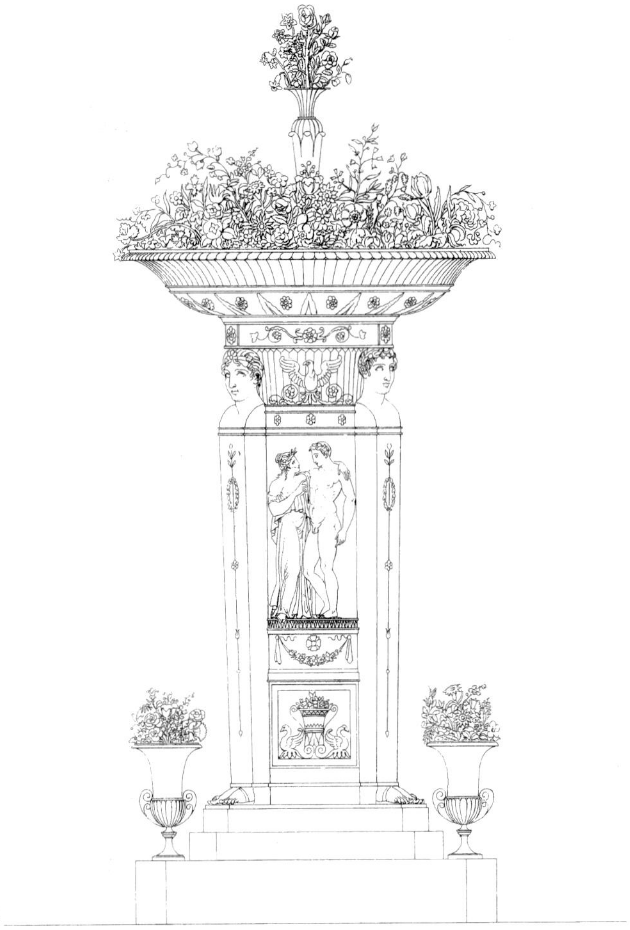

*Jardinière exécutée à Paris pour M.E***

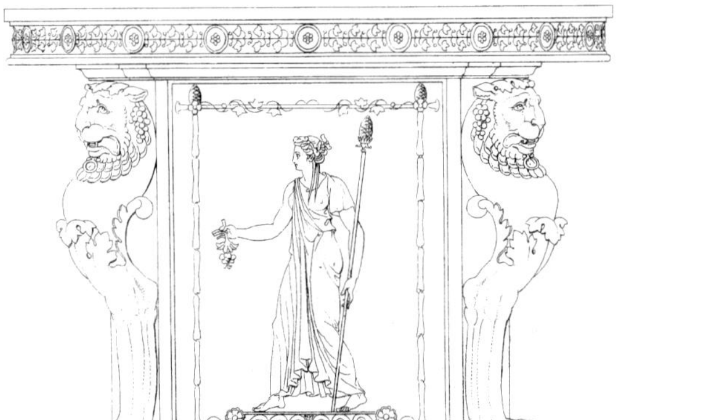

Par Percier et Fontaine.

PLANCHE XLIV

Table à thé et jardinière faites pour être isolées au centre d'une pièce.

Les deux meubles sont exécutés en acajou et en bronze. On peut reconnaître au fini et à la perfection du travail qu'ils sont de la fabrique de MM. Jacob.

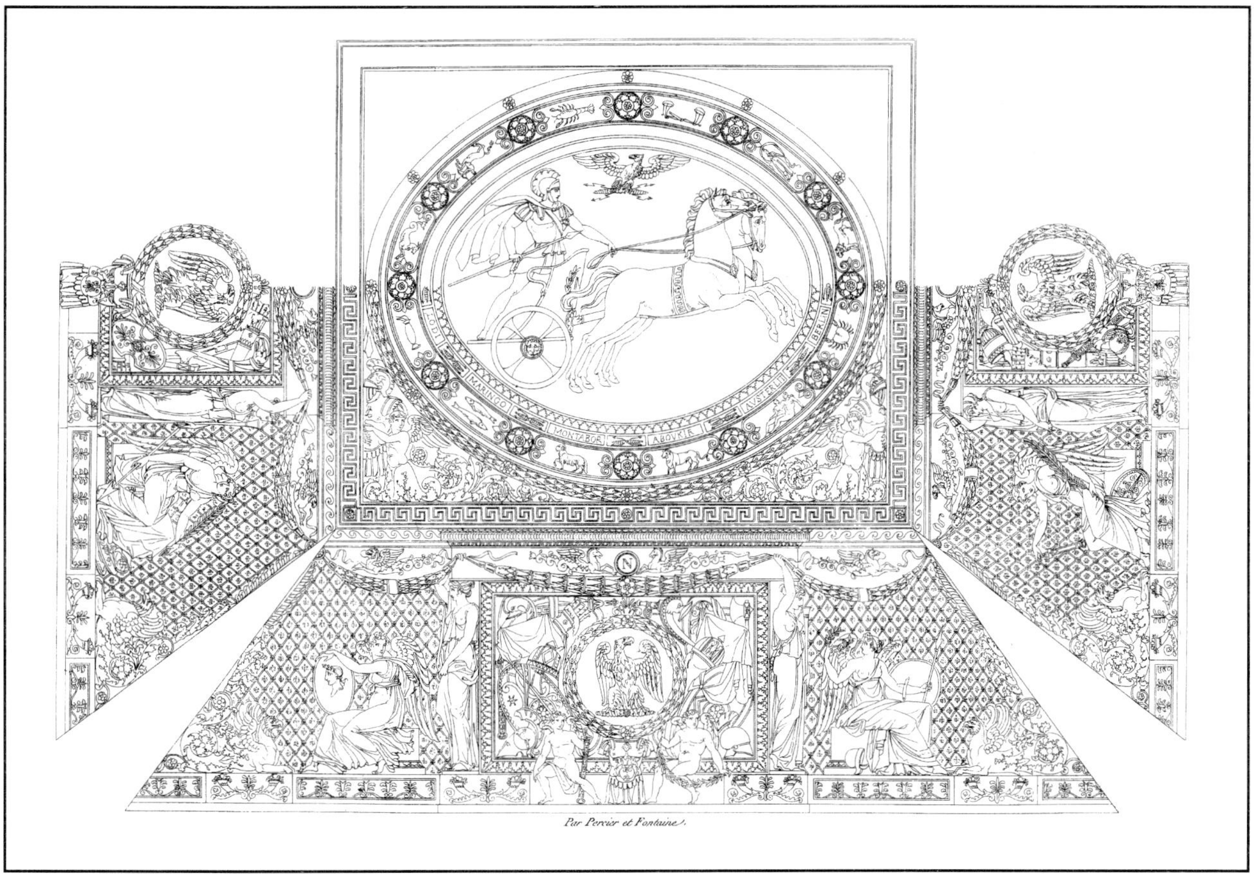

PLANCHE XLV

Plafond de la salle des gardes du Palais des Tuileries.

Ce plafond, dont la partie carrée est soutenue par des voussures droites, est peint en grisaille avec des rehauts en or et des imitations de bronze sur différents fonds. Le sujet principal représente Mars les armes à la main, parcourant le globe sur son char, et signalant, par une victoire mémorable, chacun des mois de l'année.

Des trophées, au milieu desquels on remarque des aigles impériales, ornent les centres des quatre faces ; des Victoires assises présentent des palmes, ou inscrivent le nom du vainqueur, et des vertus guerrières soutiennent les guirlandes qui encadrent les sujets principaux.

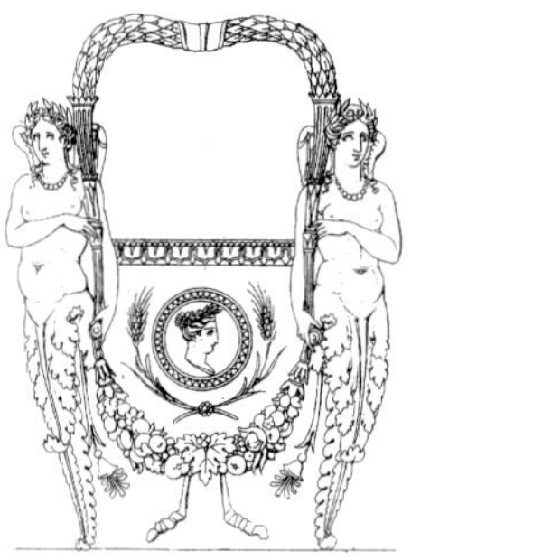

Détail en grand, de l'une des Anses du Vase ci-dessous.

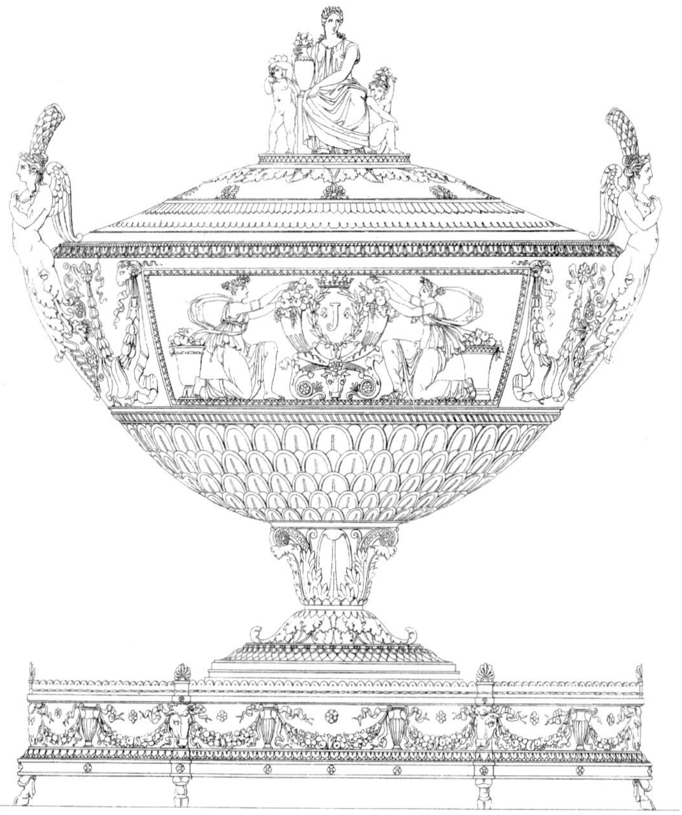

Par Percier et Fontaine.

PLANCHE XLVI

Pot à oille exécuté en orfèvrerie pour la vaisselle de l'impératrice Joséphine.

Il a été remarqué dans l'une des expositions publiques des produits de l'industrie française, tant à cause de la perfection de la ciselure, que de l'art avec lequel la monture des pièces qui le composent a été établie.

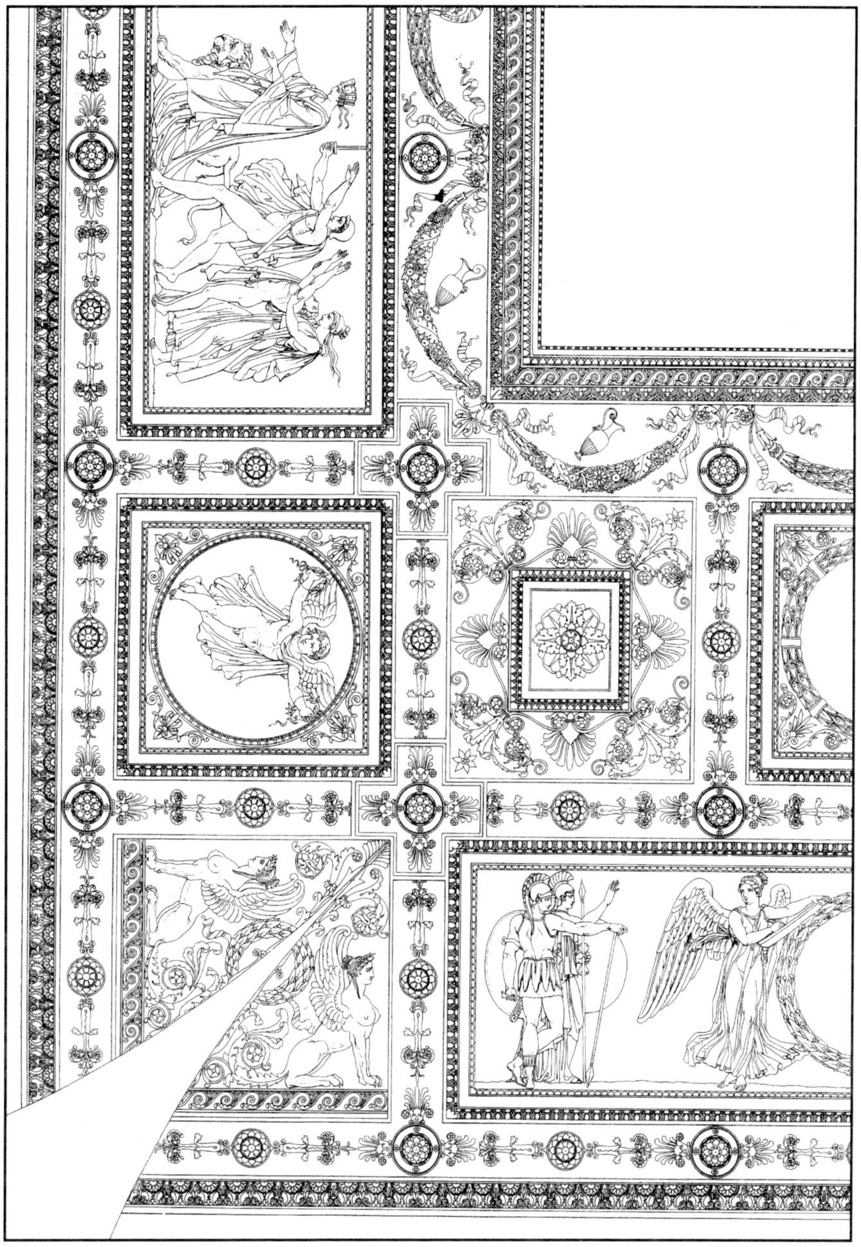

PLANCHE XLVII

Plafond de la salle du trône au château de Saint-Cloud.

Les compartiments, les ornements et les sujets de ce plafond sont peints en grisaille avec des rehauts en or sur des fonds de différentes couleurs.

Les bas-reliefs qui se trouvent au milieu de chaque face sur les voussures représentent les armes de l'Empereur, auquel tous les rangs et tous les âges de la société rendent hommage. Le milieu de la partie carrée du plafond est décoré d'un grand tableau représentant la Vérité, par M. Prudhon.

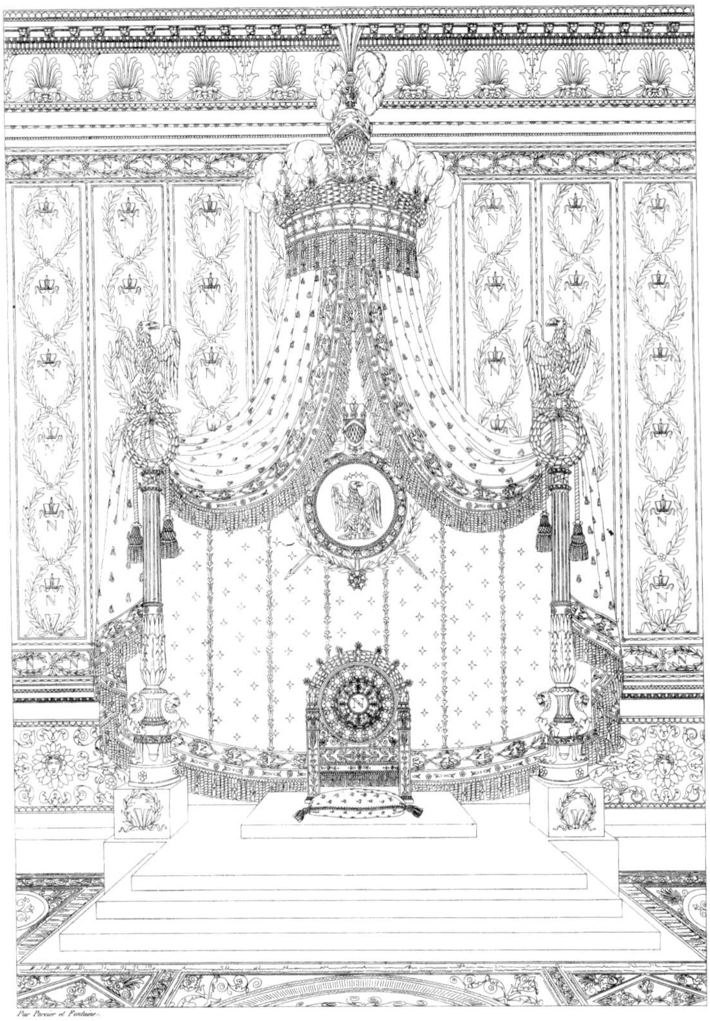

Ci-dessus :
PLANCHE XLVIII
Le trône de l'Empereur au Palais des Tuileries.

Est un siège en or recouvert de velours violet foncé, enrichi, ainsi que le coussin de pied, d'abeilles et d'ornements brodés en or. Il est élevé sur une estrade de trois marches, avec un tapis de velours cramoisi, brodé en or. Une couronne de lauriers et de fruits en sculpture dorée, surmontée d'un heaume, avec une très riche garniture de plumes blanches, forme le sommet du baldaquin. La draperie ou manteau impérial, en velours cramoisi, parsemé d'abeilles avec franges et bordures brodées, est doublée en satin violet, et sur le milieu au-dessus du siège, on voit les armes de l'Empereur, brodées en or et relevées en bosse. Le manteau est suspendu à la couronne et se rattache à deux enseignes impériales, composées de couronnes, d'ornements et d'aigles en ronde bosse, placées sur des socles en or à droite et à gauche du Trône.
C'est autour de ces enseignes et au bas de l'estrade que se rassemblent et se tiennent, debout, pendant les cérémonies, les officiers civils et militaires qui composent la cour de l'Empereur.

Ci-contre :
PLANCHE XLIX
Vue de la tribune de la salle des Maréchaux au Palais des Tuileries.

Cette pièce, l'une des plus grandes de la capitale, a longtemps servi de salle des gardes ; elle est destinée aujourd'hui aux fêtes et aux grandes assemblées ; c'est le premier salon du palais. Les portraits des maréchaux de l'Empire et les bustes des généraux morts au service de l'Etat décorent l'intérieur. La tribune qui orne la face du côté des jardins est formée de quatre cariatides, copiées d'après celle que Jean Goujon fit pour la salle des gardes de Henri II au Louvre ; elle sert à couvrir la construction de deux grands poêles qui échauffent ce vaste espace. On y monte par deux petits escaliers circulaires pris dans l'épaisseur des murs, et qui communiquent également au balcon qui fait le tour de la salle au niveau de la tribune.

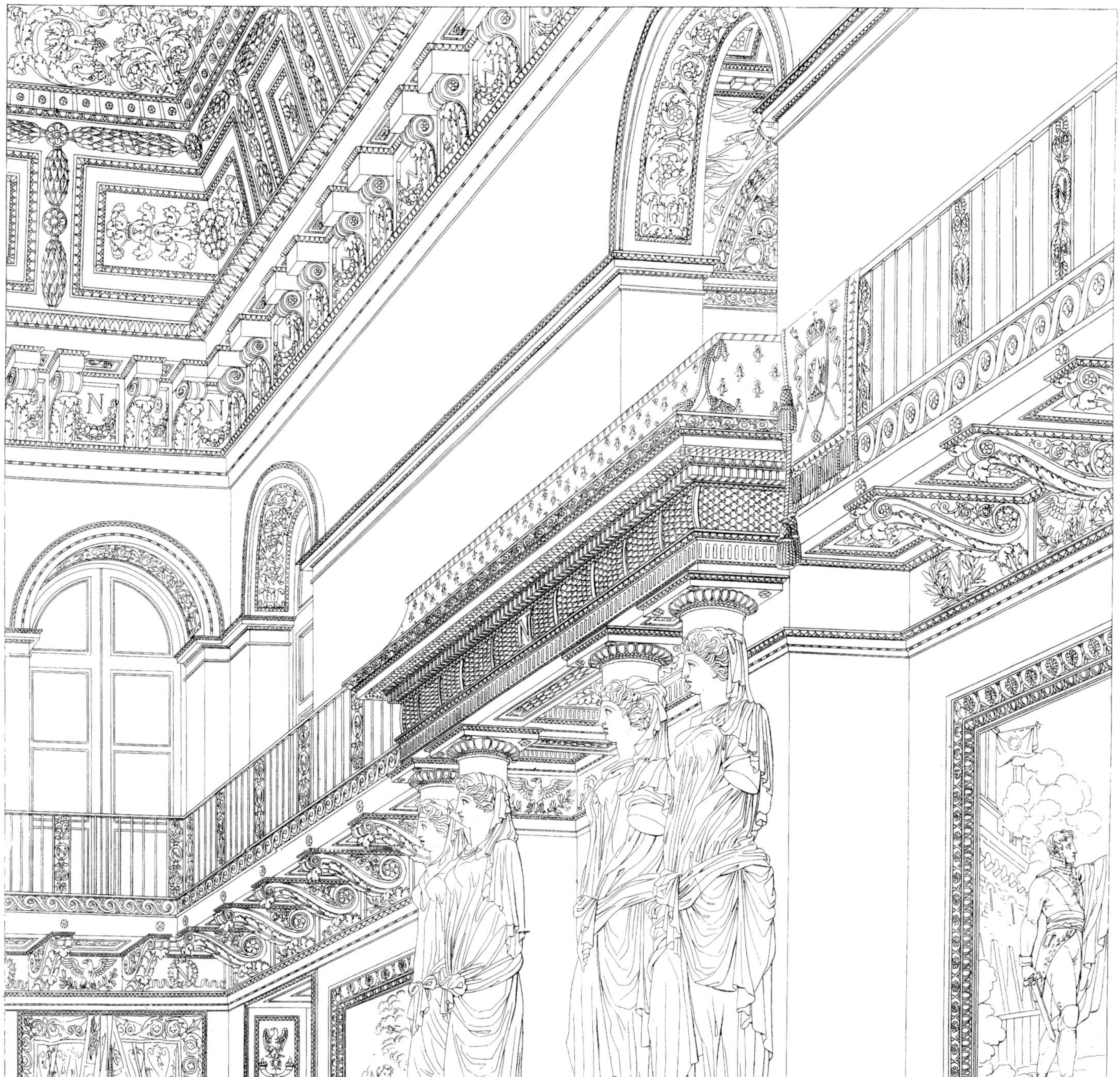

Par Percier et Fontaine.

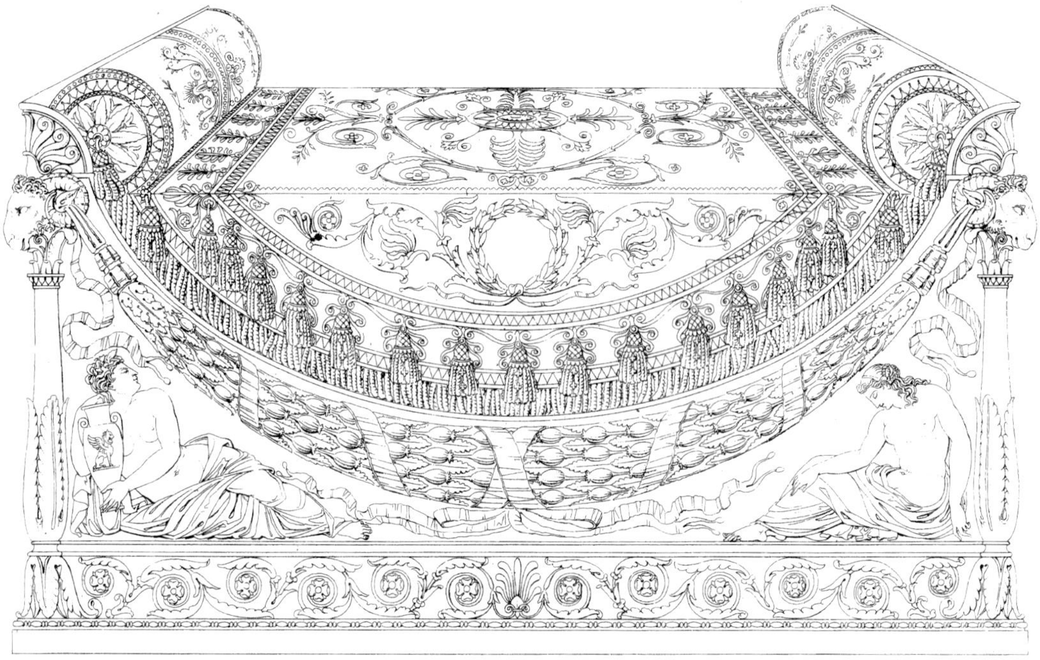

Lit exécuté pour M.r Oz....à Paris.

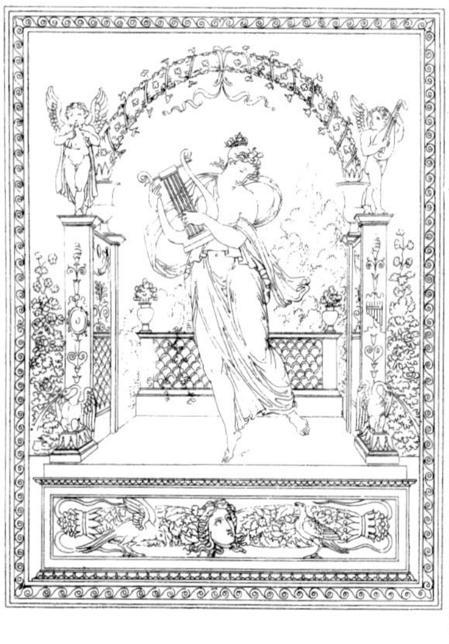

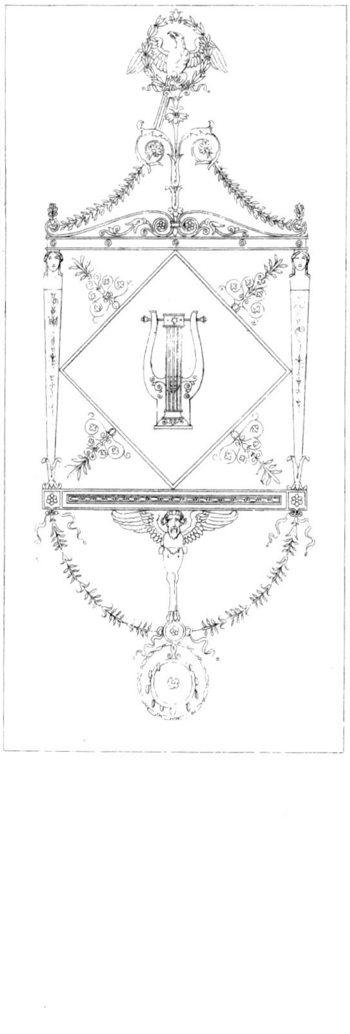

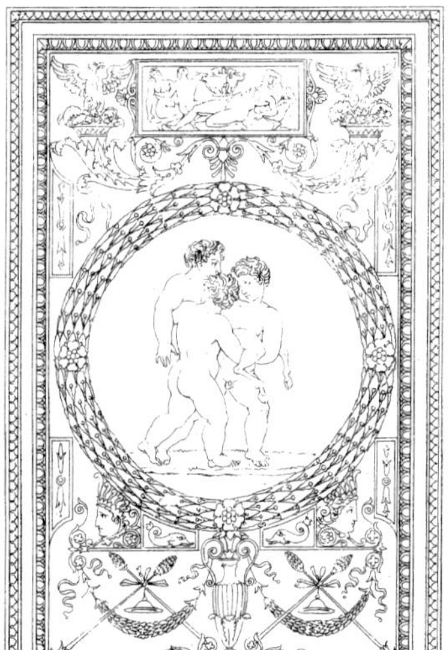

Par Percier et Fontaine.

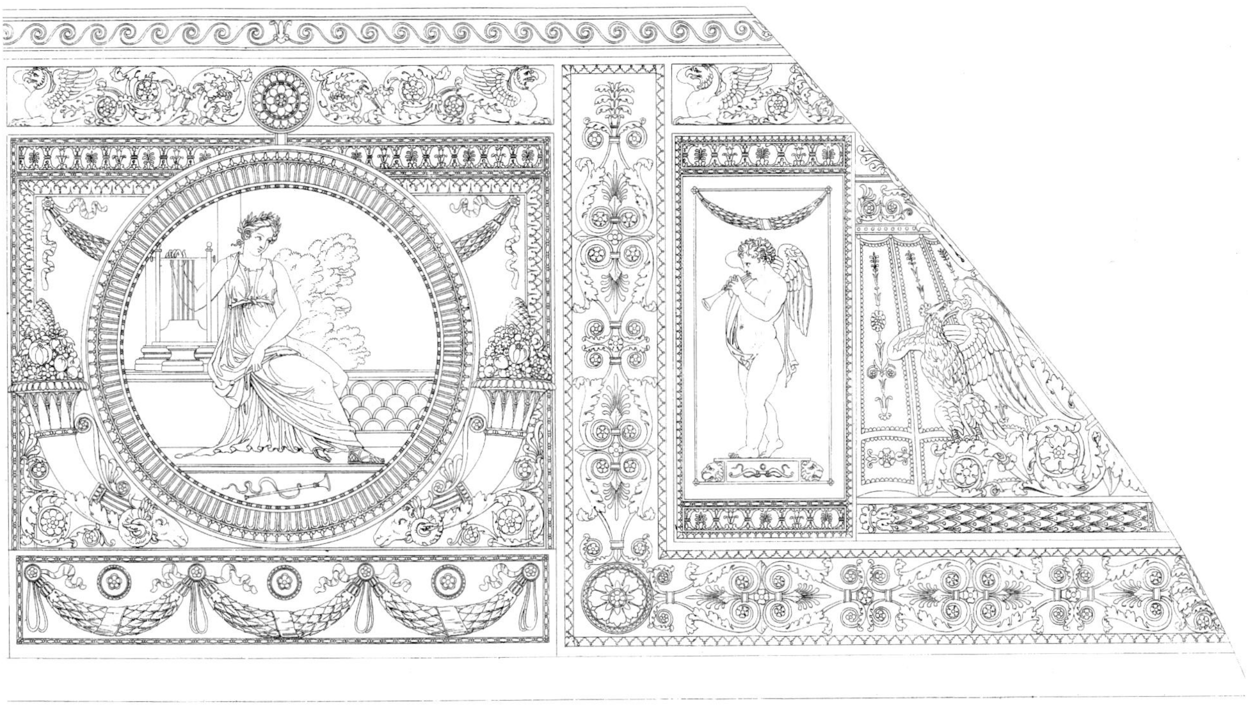

Ci-contre

PLANCHE L

Lit et détails d'ornements.

Une guirlande de pavots attachée à deux candélabres, qui recouvrent les deux angles des dossiers ; deux figures de femmes couchées et endormies sont représentées sur les panneaux de face. La courtepointe et les deux coussins qui la reçoivent sont richement brodés en or sur un fond de velours.

Ci-dessus

PLANCHE LI

Portion des voussures de l'un des plafonds dans l'appartement de l'Impératrice, au Palais des Tuileries.

Ce plafond est peint en grisaille avec des rehauts en or sur des fonds gris, violet et bleu ; il est divisé en compartiments ornés de rinceaux, de cornes d'abondance et de guirlandes ; des Muses et des Amours forment les principaux sujets des encadrements, et au centre, sur la partie carrée, on a placé un tableau ancien, représentant Apollon et Céres.

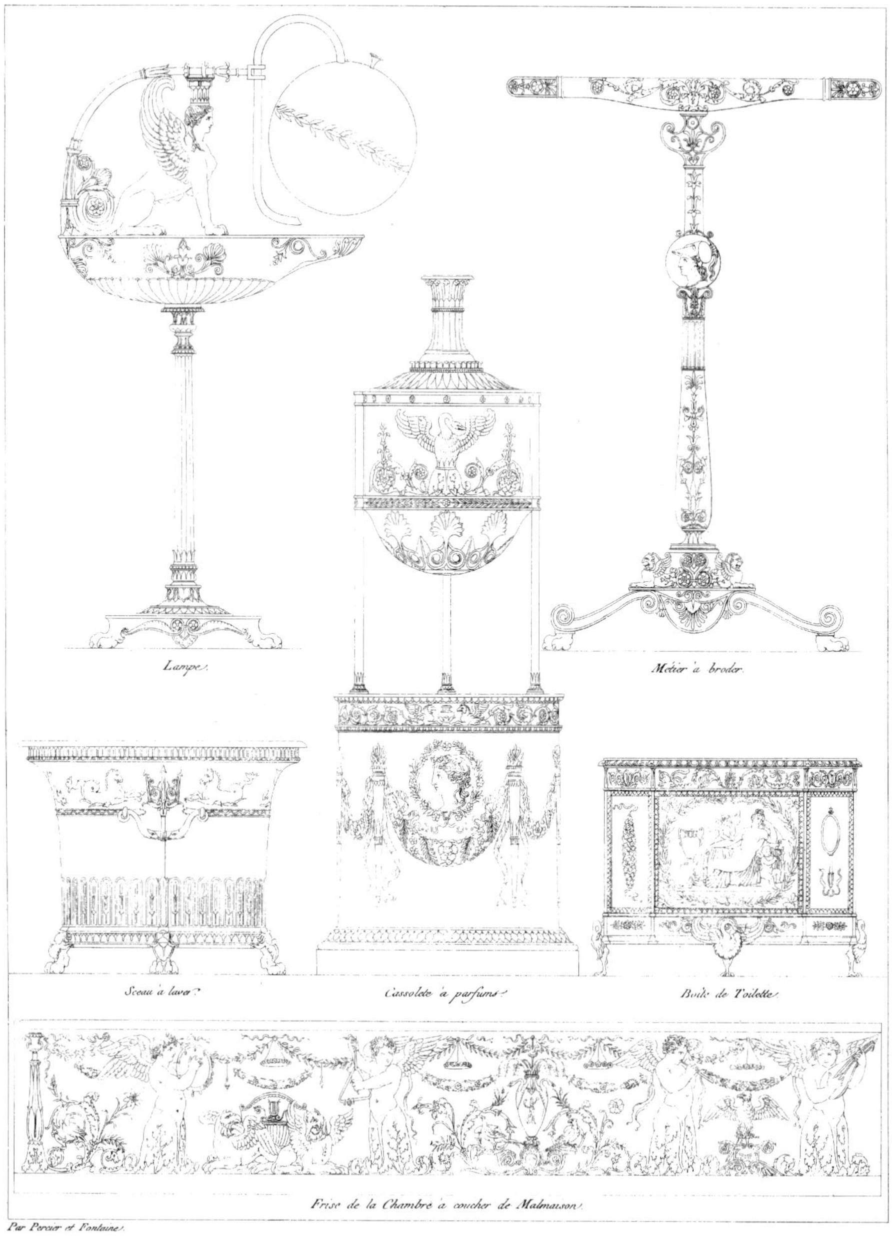

Ci-dessus :

PLANCHE LII

Les petits meubles usuels représentés sur cette planche ont été répétés plusieurs fois, et même avec quelques variantes, par les fabricants de Paris. On peut les regarder comme des meubles de commerce. Le métier à broder, la boite de toilette, le seau à laver et la lampe, ont été exécutés dans les mêmes formes mais en matières plus ou moins riches. On ne croit pas devoir expliquer en détail le mécanisme de leur construction ; cette partie de l'art aurait exigé, sur ce sujet comme sur tous ceux dont il a été précédemment parlé, une description trop étendue ; on s'est borné à ne dire de chaque chose que ce qui est nécessaire pour en faire connaître l'usage et la composition, sous le rapport de l'art et du dessin.

Ci-contre :

PLANCHE LIII

Plafond de la chambre à coucher de l'Empereur, au Palais des Tuileries.

Les armoiries et le chiffre de l'Empereur avec des trophées militaires et des guirlandes soutenues par des figures de génies ailés, composent les ornements d'entourage de ce plafond. Quatre vertus, sous la forme symbolique des quatre premières divinités de la fable, sont peintes en grisaille avec des rehauts en or sur des fonds de lapis-lazuli ; elles occupent les milieux des faces de la partie carrée du plafond.

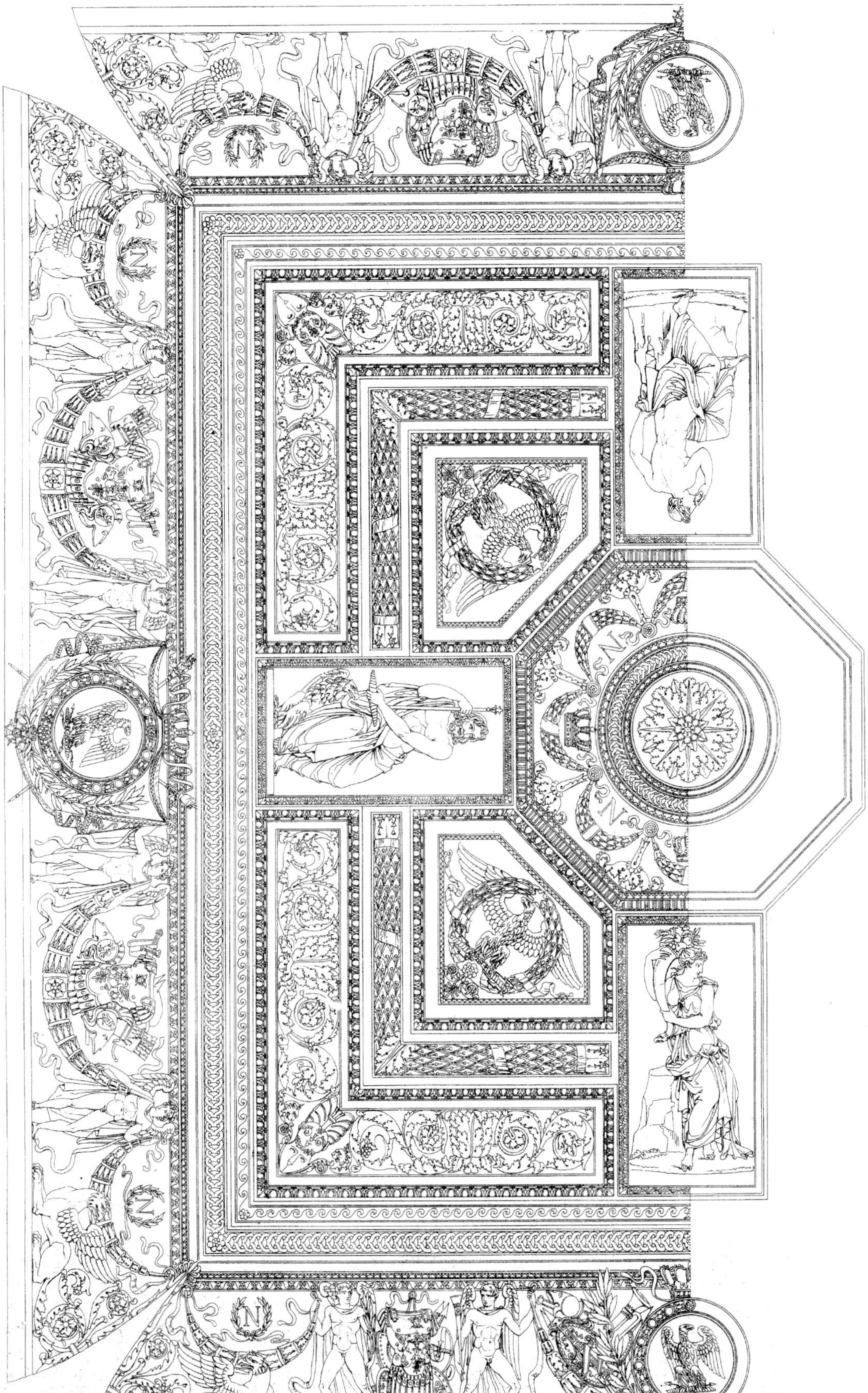

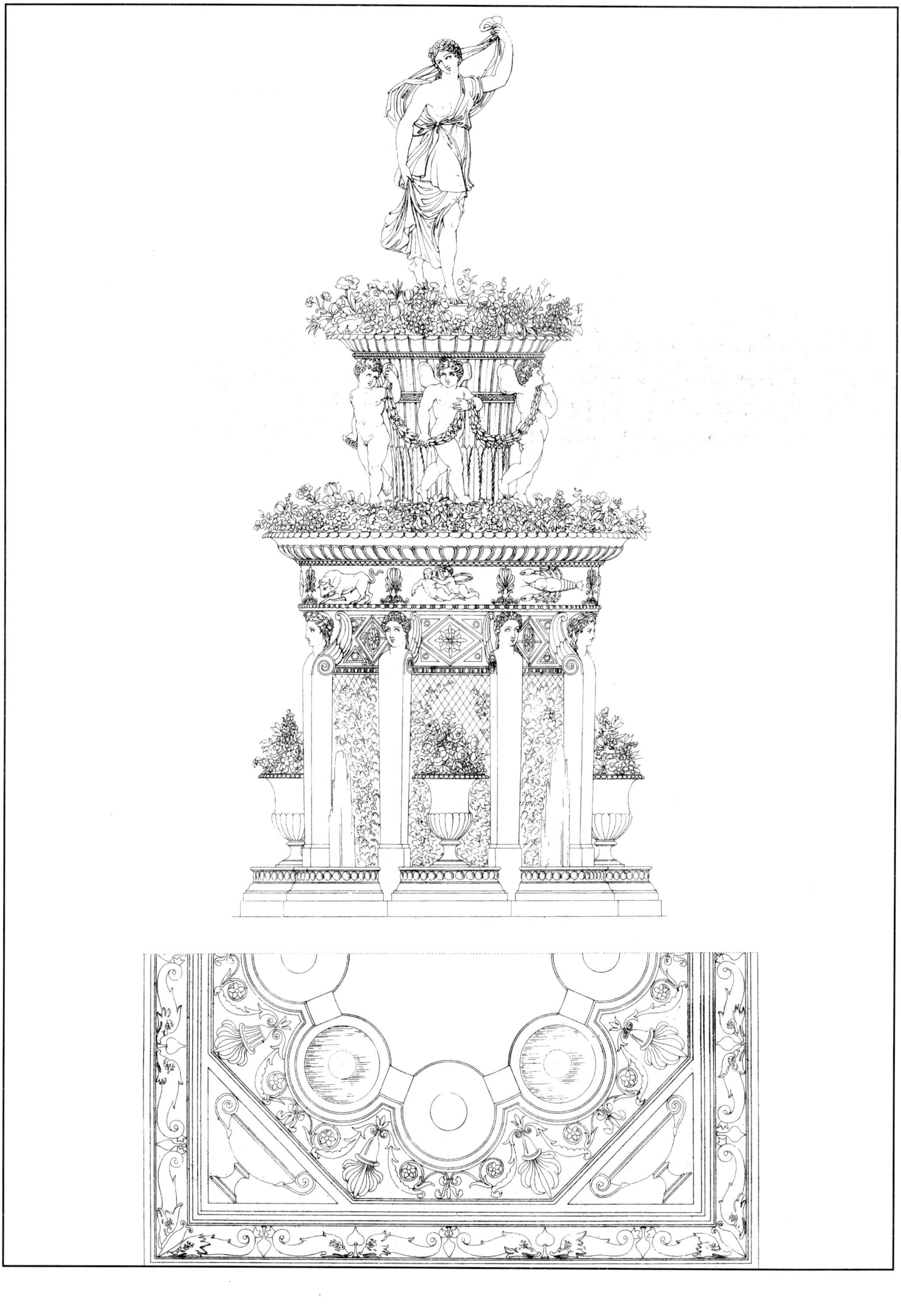

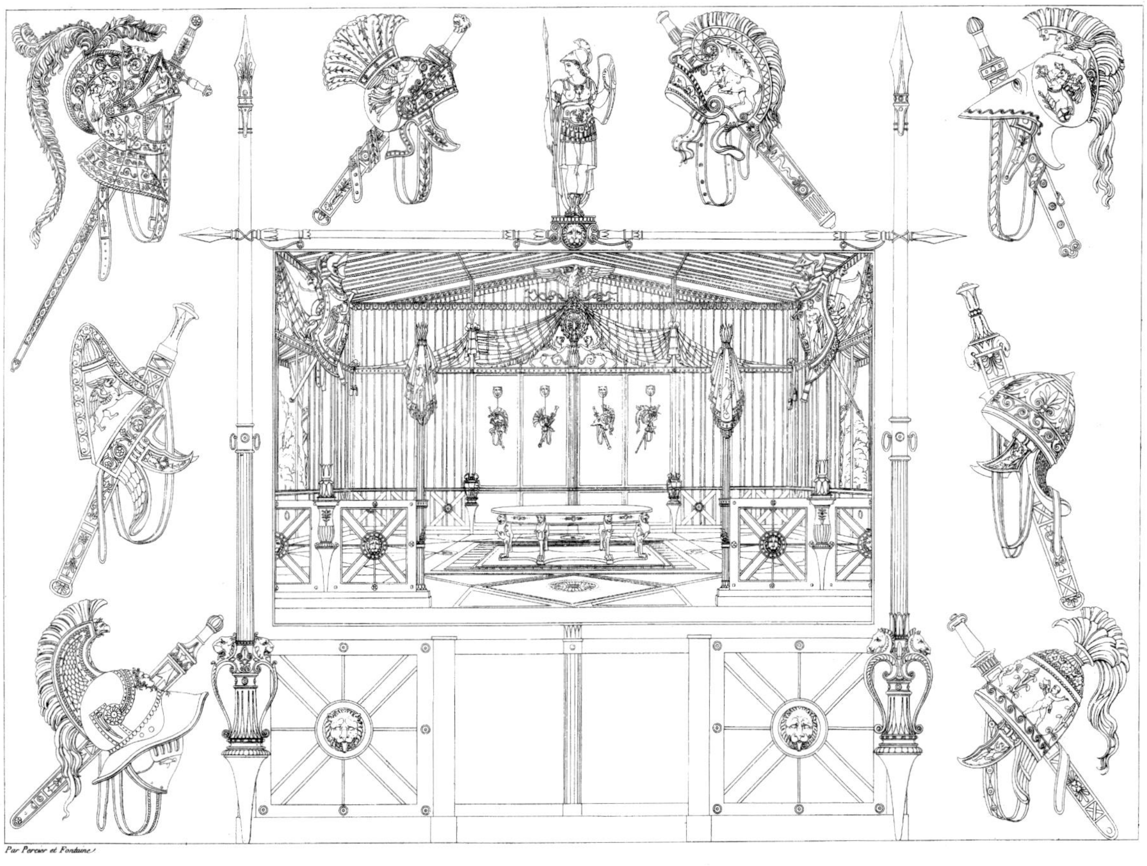

Ci-contre :
PLANCHE LIV
Jardinière pour être placée au milieu d'une grande pièce.

C'est une riche corbeille supportée par des termes qui forment l'entourage d'une volière autour de laquelle sont de petits bassins avec des jets d'eau ; des enfants dansant en rond sont représentés sur le panier qui s'élève au milieu de la corbeille ; le tout est couronné par une petite statue de Flore qui semble sortir des fleurs.

Ci-dessus :
PLANCHE LV
Vue et détails d'un salon exécuté au Château de la Malmaison.

Le premier consul avait demandé une salle de conseil. Il fallait que la disposition et la décoration en fût achevée en dix jours de travail, parce qu'on ne voulait pas interrompre les fréquents voyages qu'il avait coutume d'y faire ; en conséquence, il parut convenable d'adopter pour ce sujet la forme d'une tente soutenue par des piques, des faisceaux et des enseignes, entre lesquels sont suspendus des groupes d'armes qui rappellent celles des peuples guerriers les plus célèbres du globe.

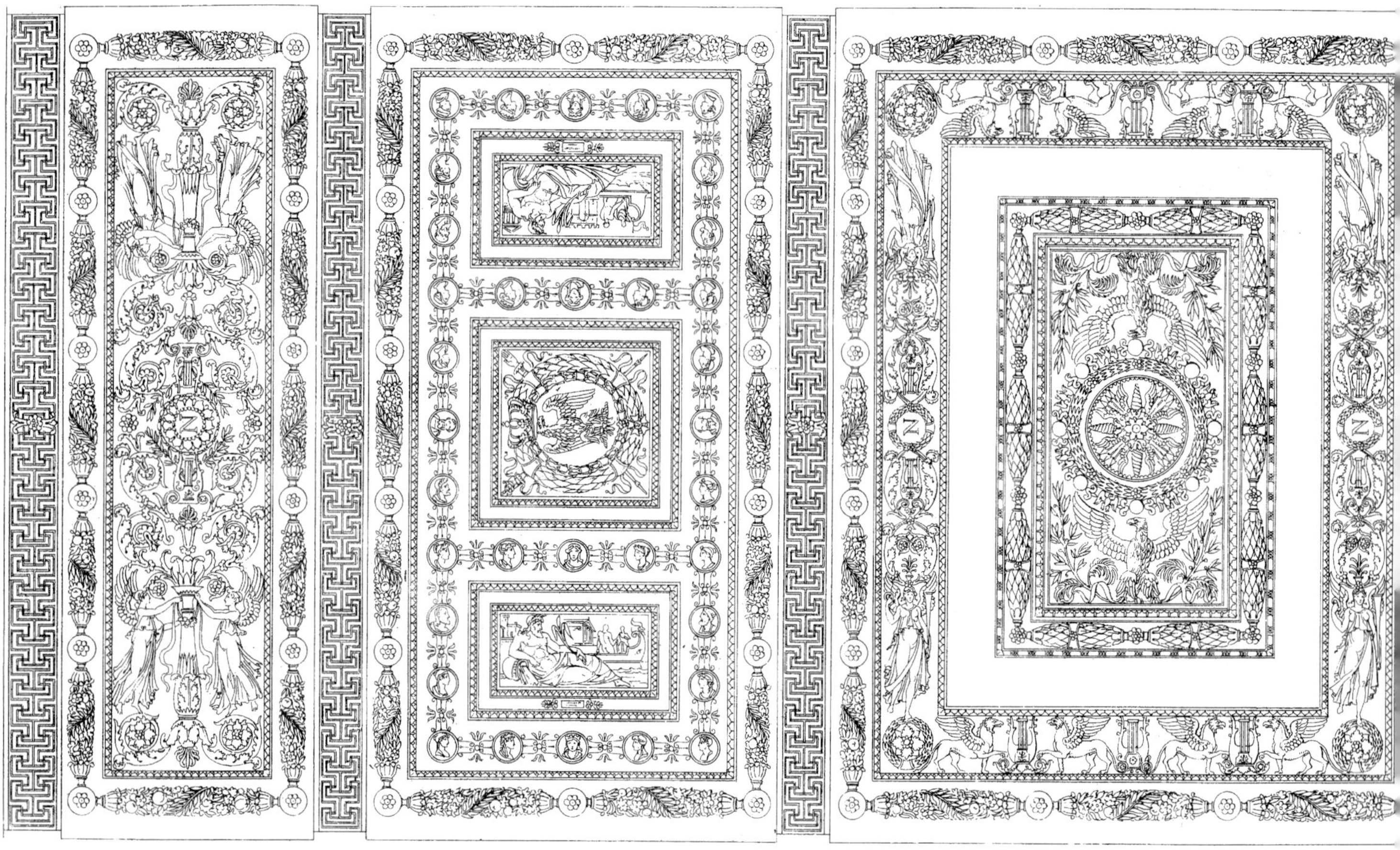

PLANCHE LVI
Portion de la voûte du foyer de la salle de spectacle au Palais des Tuileries.

Ce plafond, dont les subdivisions sont enrichies d'armoiries, d'ornements en rinceaux, de guirlandes et de fruits, est peint en grisaille avec des rehauts en or sur un fond gris, violet et bleu. On a représenté dans les cadres des grands compartiments les quatre premiers fleuves de la France et au pourtour les médailles des principales villes de l'Empire.

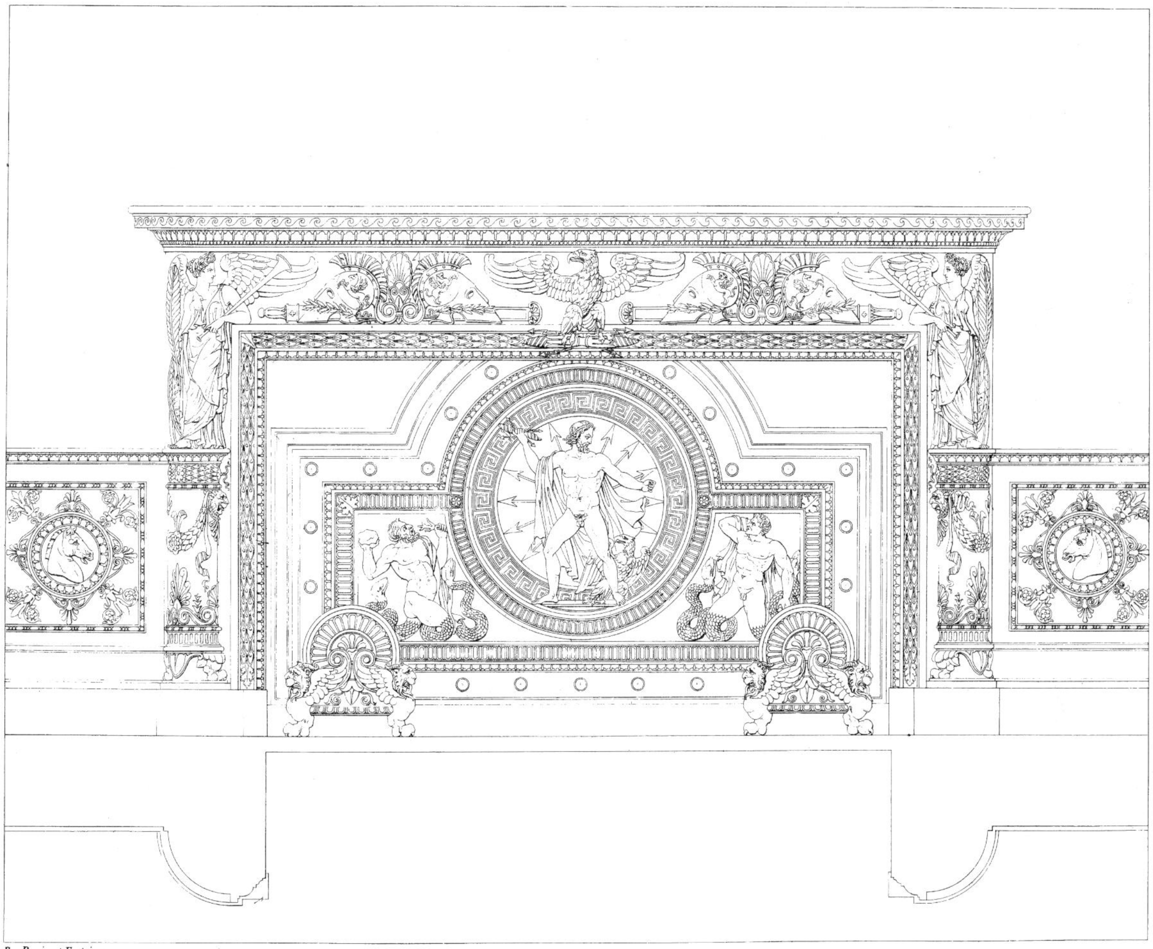

Par Percier et Fontaine.

PLANCHE LVII

On a cherché dans la forme particulière des ornements qui composent l'ensemble de cette cheminée, à éviter les angles aigus, dont l'usage est souvent fort incommode. Les Victoires et les armes qui la décorent ont rapport avec la profession et les qualités de la personne pour qui elle a été exécutée.

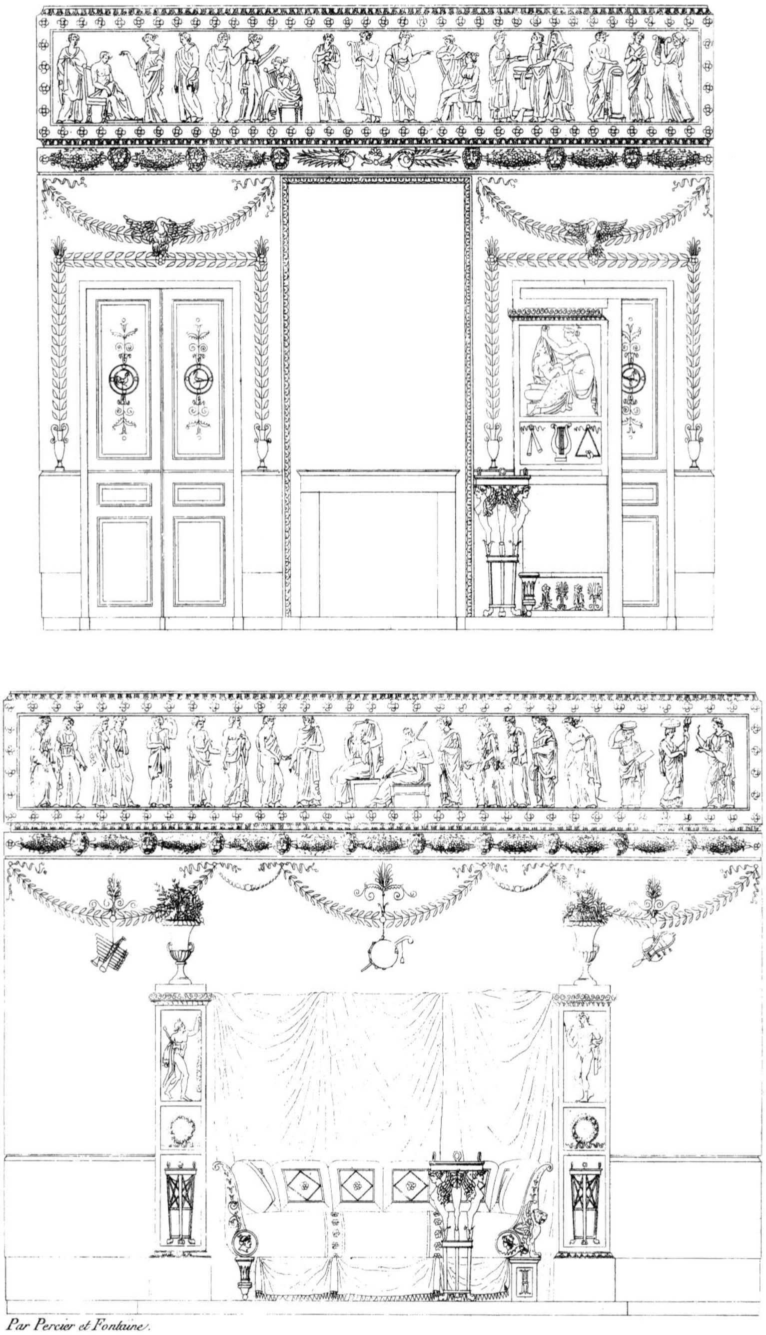

Par Percier et Fontaine.

Ci-dessus :

PLANCHE LVIII

La décoration de cette chambre à coucher fait partie de celle d'un vaste château que l'on a entrepris de restaurer, et dont les dessins ont été envoyés en Pologne ; le propriétaire, homme célèbre par ses connaissances et grand amateur des ouvrages antiques, désirait que sa chambre à coucher fût plus remarquable par la simplicité de sa disposition que par la richesse des ornements. Le lit est une imitation des lits antiques. Un bas-relief formant frise au pourtour de la pièce rappelle des cérémonies et des usages grecs.

Ci-contre :

PLANCHE LIX

Grand candélabre exécuté en cuivre doré pour être placé aux angles d'un salon et recevoir des girandoles de lumières à plusieurs branches.

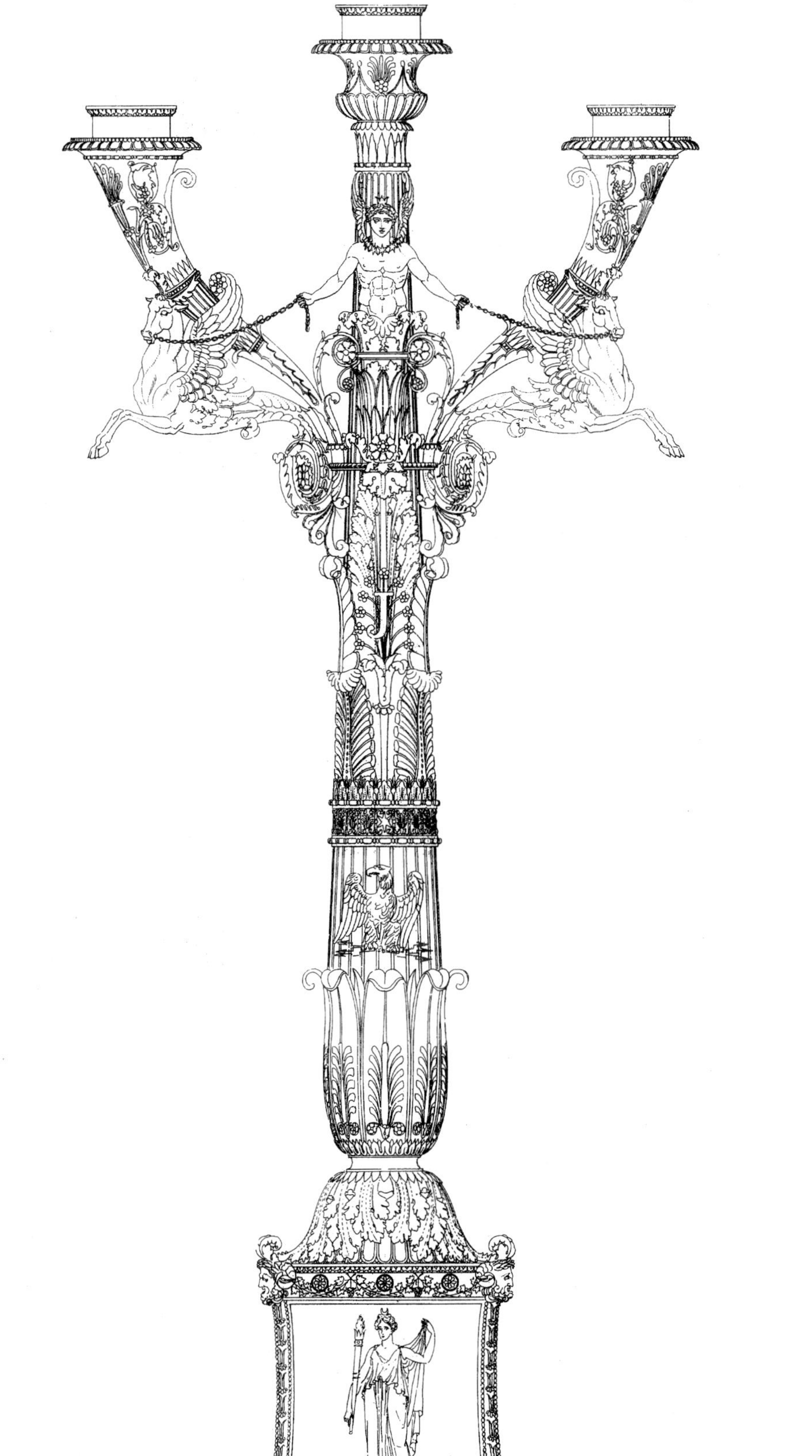

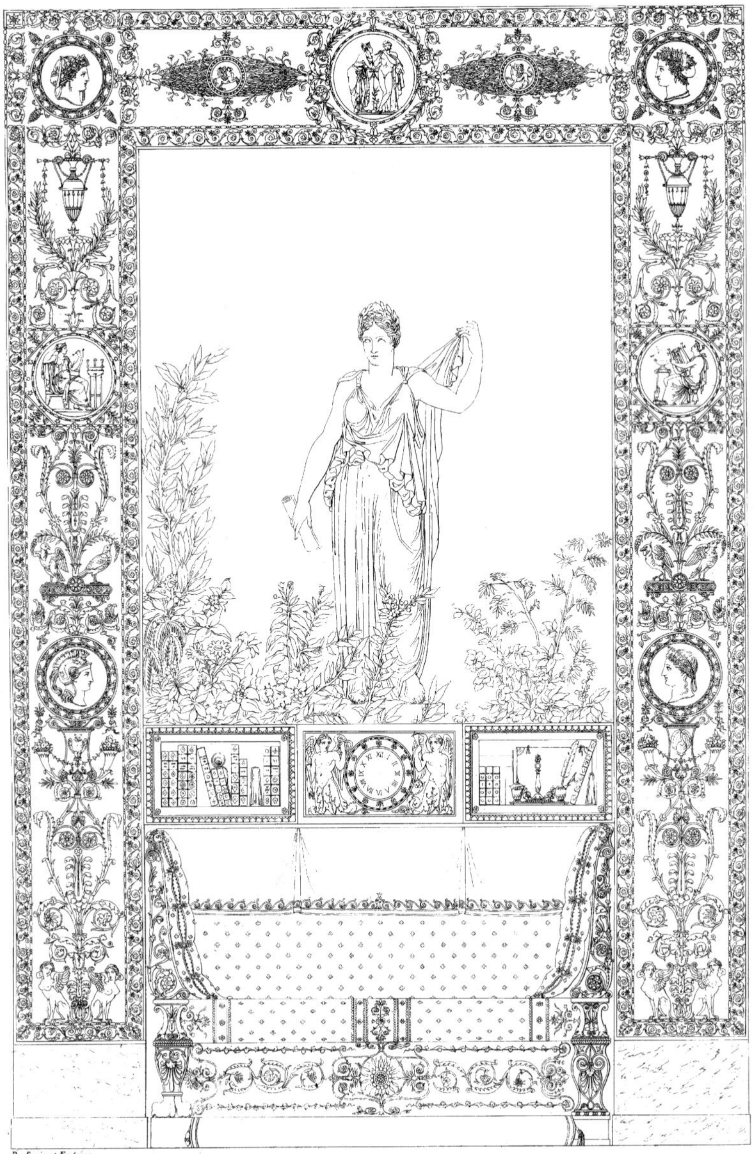

Par Percier et Fontaine.

Ci-dessus :

PLANCHE LX

Elle présente l'ouverture d'un boudoir en face d'une croisée, avec un canapé dans le dossier duquel on a pratiqué deux petites cases pour mettre des livres, et au milieu une pendule. On voit au fond et à travers une glace sans tain la verdure d'un jardin et une statue en marbre blanc.

Ci-contre et pages suivantes :

PLANCHES LXI, LXII, LXIII, LXIV

Ce cabinet, dont la dimension est petite, a été entièrement exécuté à Paris et transporté au Palais d'Aranjues, en Espagne. Tout y est fait avec une recherche et une précision extrêmes. Des glaces recouvrent les compartiments des pignons, multiplient l'étendue de la voûte, et répètent à l'infini les richesses des faces. Les panneaux sont en bois d'acajou, et les ornements en platine. Les grands tableaux qui remplissent les espaces entre les pilastres et représentent les saisons, ainsi que les médaillons qui offrent des jeux d'enfants, sont de M. Girodet.
Les petits tableaux qui retracent les vues des plus beaux sites connus, sont de MM. Bidault et Thibault ; l'ensemble de cette pièce, dont les meubles et les détails forment les sujets des planches LXII, LXIII et LXIV, présente une richesse extraordinaire.

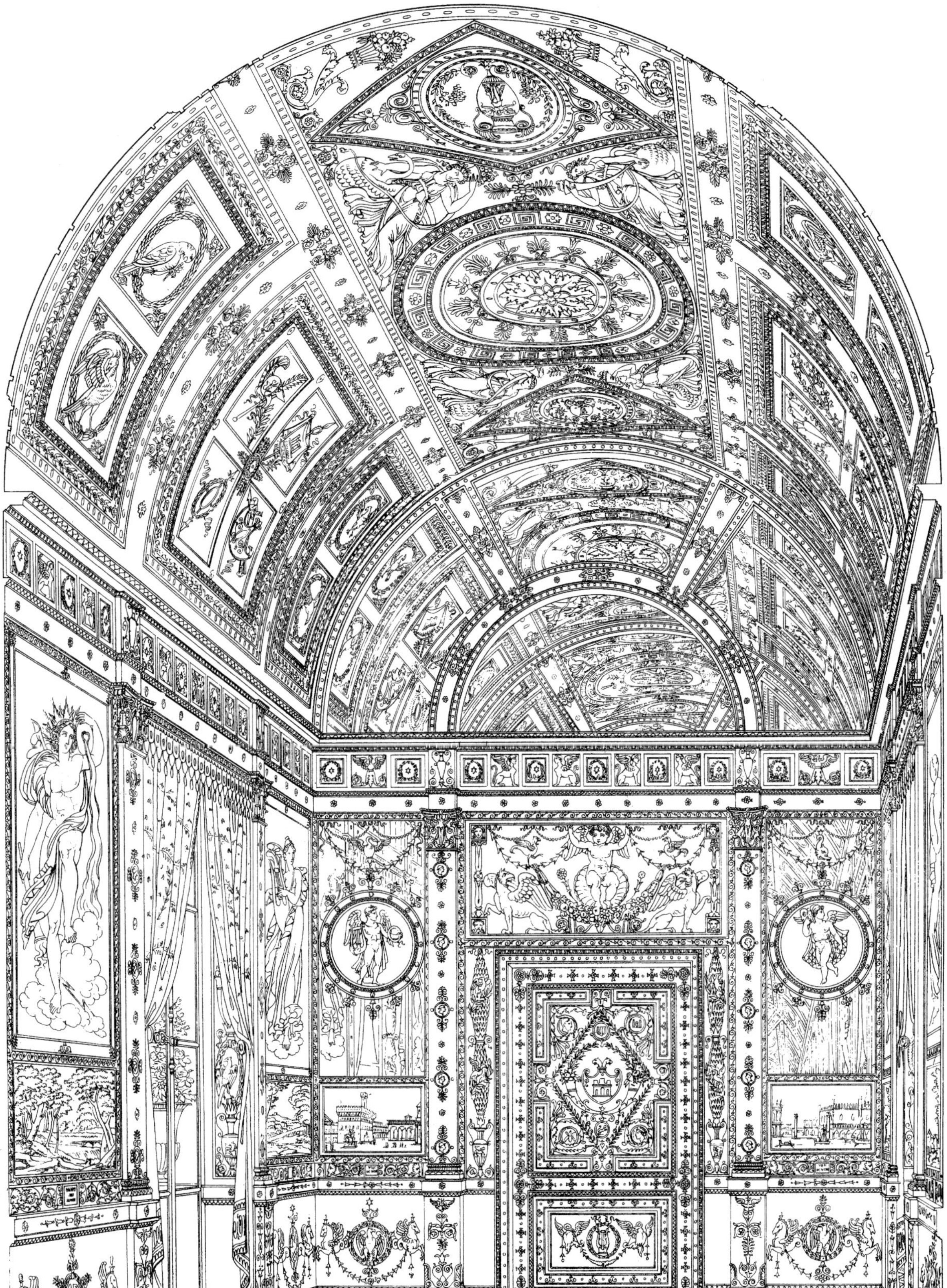

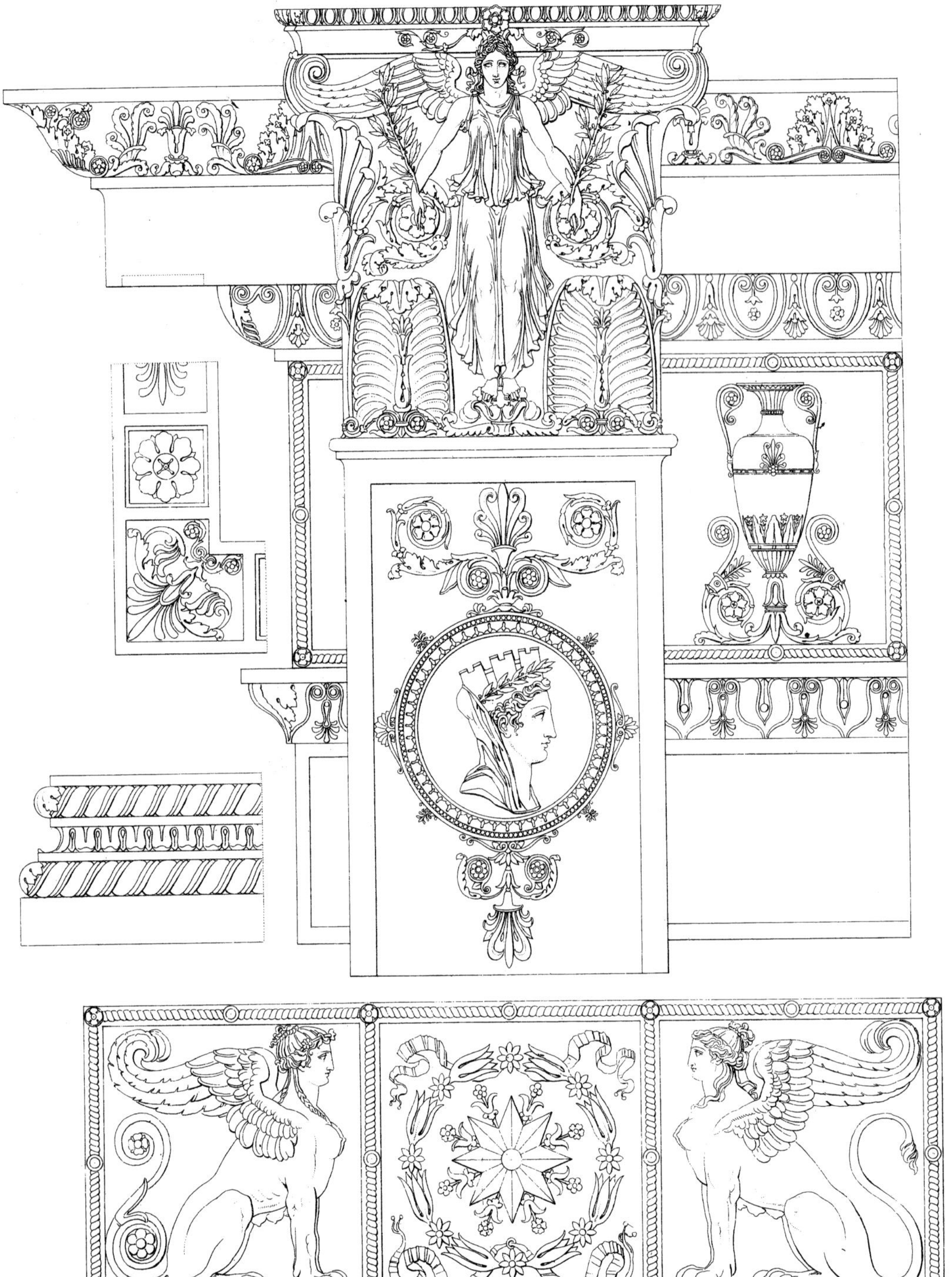

PLANCHE LXII.

Entablement, Chapiteau et détails du cabinet du roi d'Espagne.

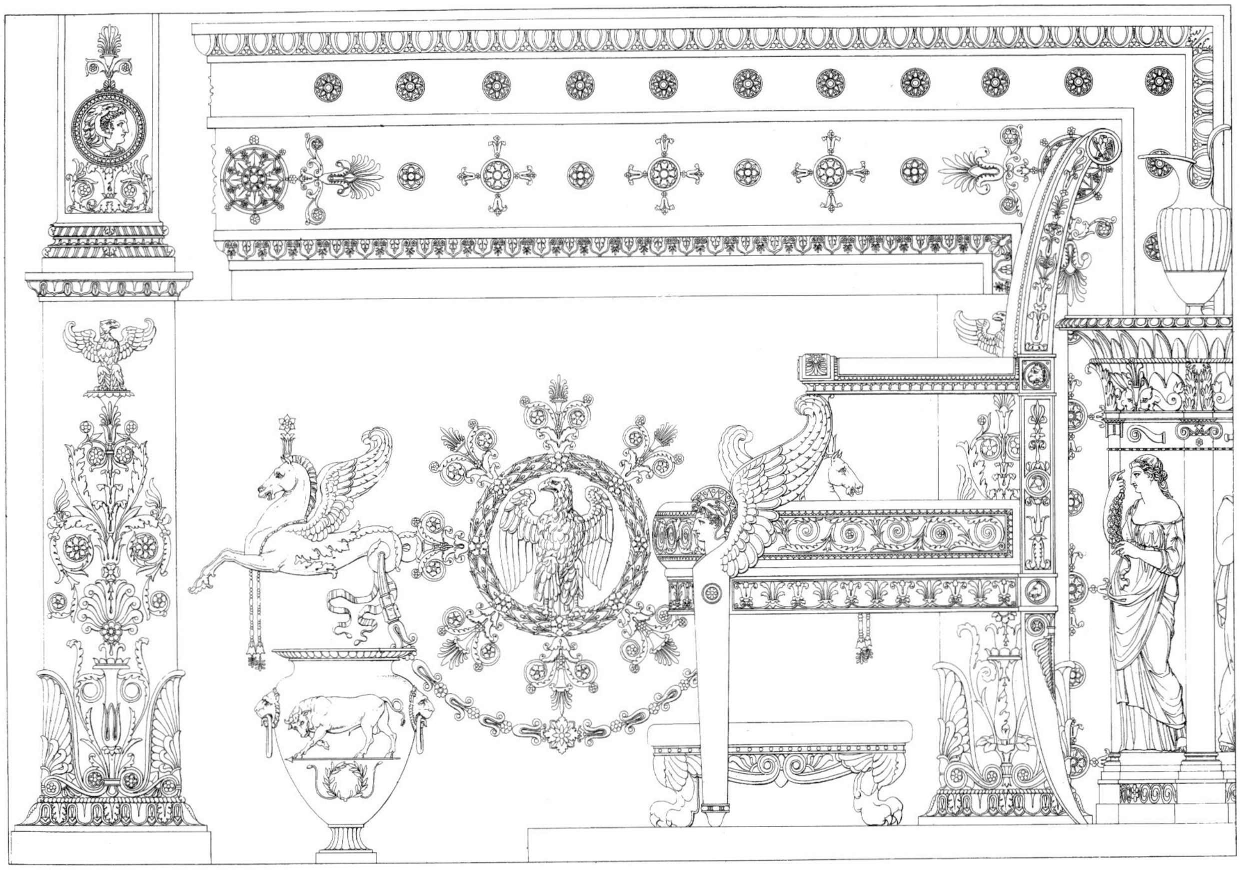

PLANCHE XLIII.

Lambris, fauteuil, trépied, vases et autres accessoires exécutés pour le cabinet du roi d'Espagne.

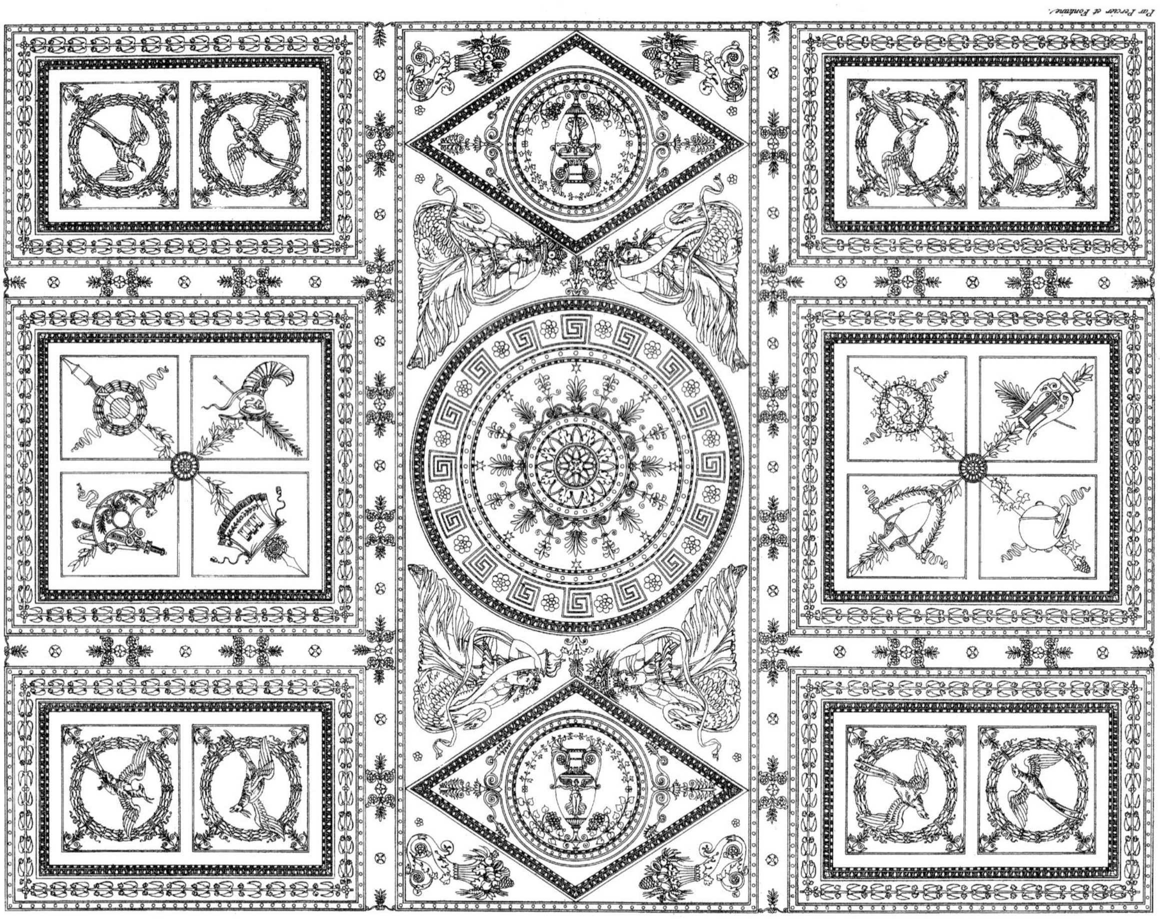

Ci-dessus :
PLANCHE LXIV
Développement de la voûte du cabinet du roi d'Espagne.

Ci-contre :
PLANCHE LXV
Lit avec un baldaquin en forme de couronne, supporté par deux gaines arabesques, qui se terminent par des bustes de petites figures ailées.

Les draperies et les franges, au-dessous desquelles sont suspendus les rideaux, sont attachées à la couronne. Les bois du lit sont ornés d'enfants ailés qui soutiennent des cornes d'abondance remplies de fruits et de pavots.

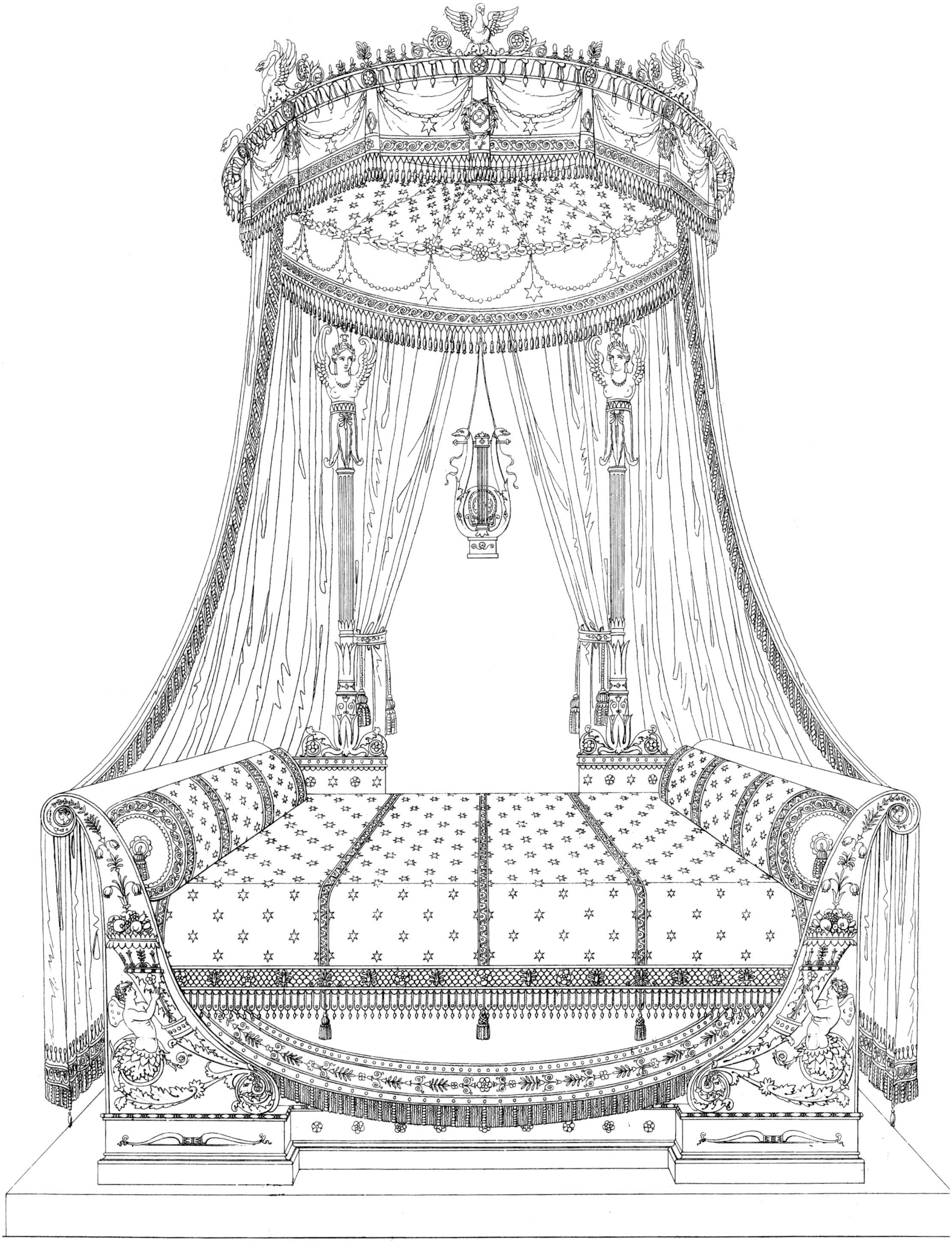

Par Percier et Fontaine.

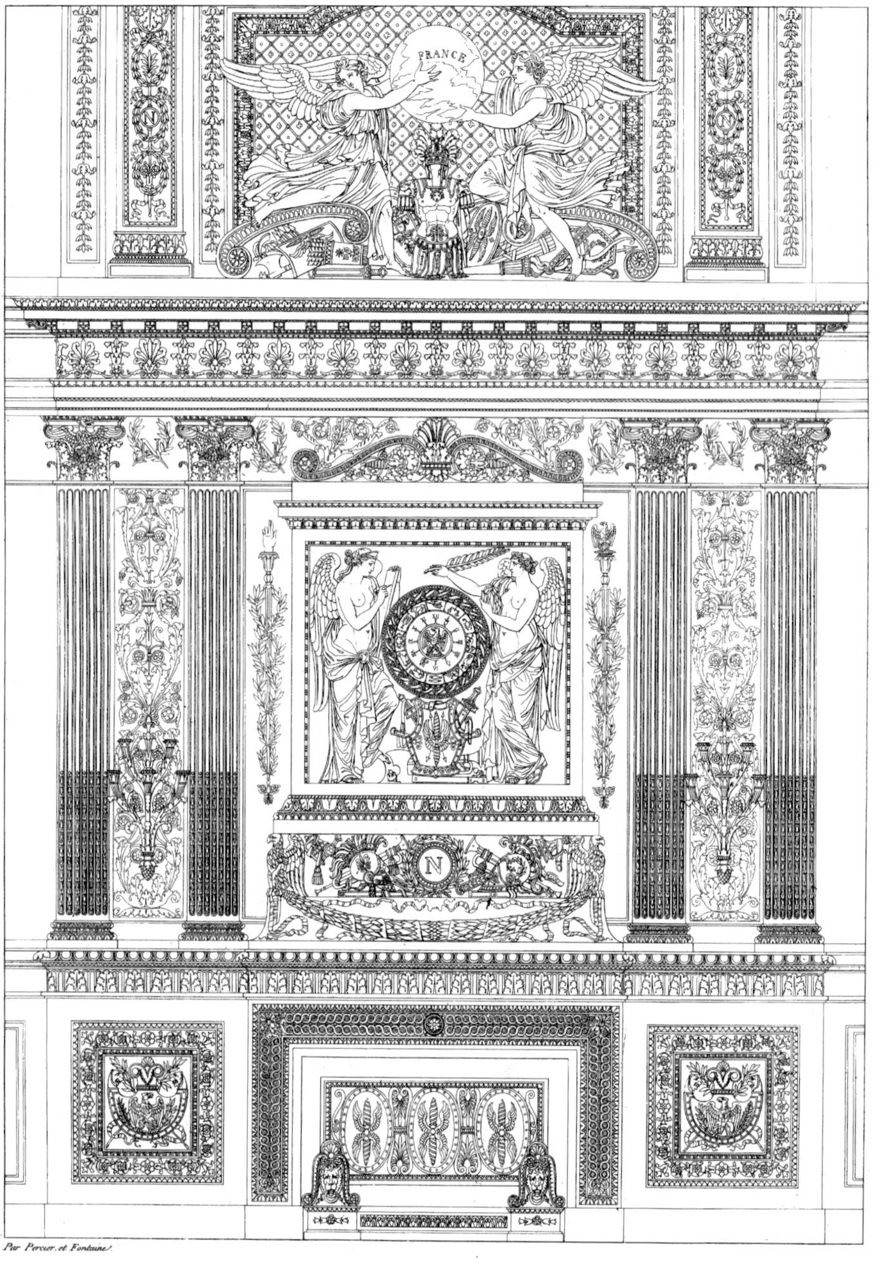

Ci-dessus :

PLANCHE LXVI

Cheminée du grand cabinet de l'Empereur, au Palais des Tuileries.

La décoration de cette cheminée a été conçue de manière à pouvoir se raccorder avec celle de la pièce qui fut exécutée sous la régence d'Anne d'Autriche ; les moulures des corniches, les ornements des lambris et de l'appui existant, ont fourni les motifs de l'ajustement nouveau. Le bas-relief, en marbre, au-dessus de la cheminée, et au milieu duquel se trouve une pendule, représente l'Histoire, qui écrit sous la dictée de la Victoire. Les armoiries et le chiffre de l'Empereur fournissent les sujets des autres ornements.

Page précédente, ci-dessus, ci-contre et pages suivantes

Ci-contre et pages suivantes :

PLANCHES LXVII, LXVIII, LXIX, LXX, LXXI

Vue perspective ; élévation de la face principale ; voûte de la même face ; élévation latérale ; développement de la voûte de la salle où doit être placée la Vénus du musée Napoléon, au Louvre.

Cette salle, l'une des plus riches de celles qui renferment les chefs-d'œuvre de la sculpture antique, est revêtue en marbre ; les voûtes sont sculptées et dorées ; les sujets dont elles sont ornées offrent, sous différentes formes, des emblèmes et des attributs qui ont rapport aux beaux-arts.

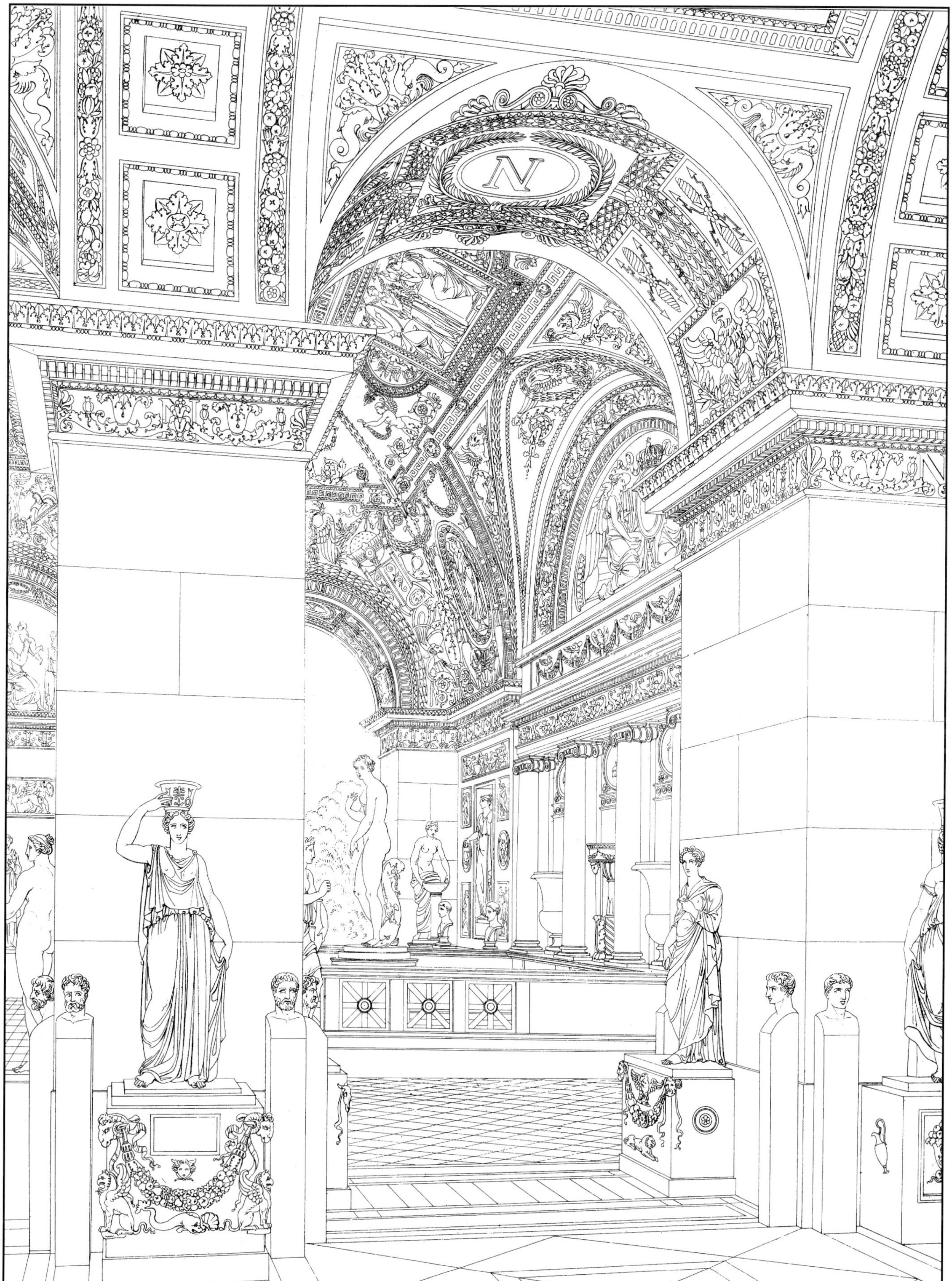
N

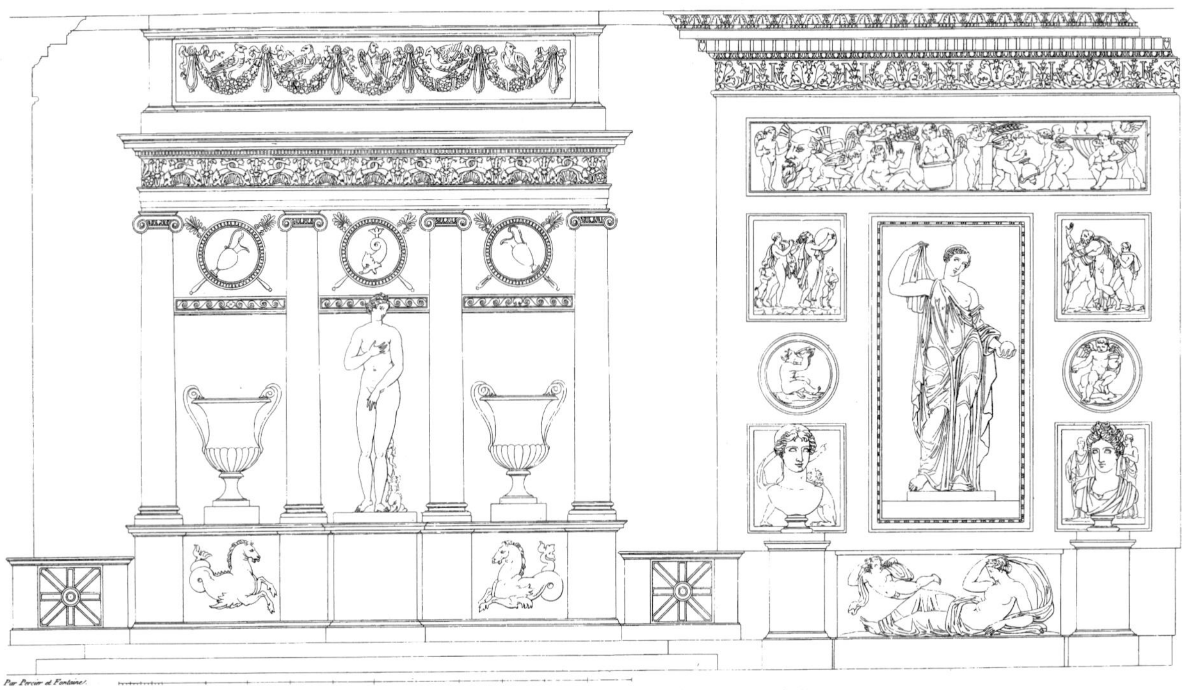

PLANCHE LXVIII

Élévation des façades de la salle de la Vénus au Musée Napoléon au Louvre.

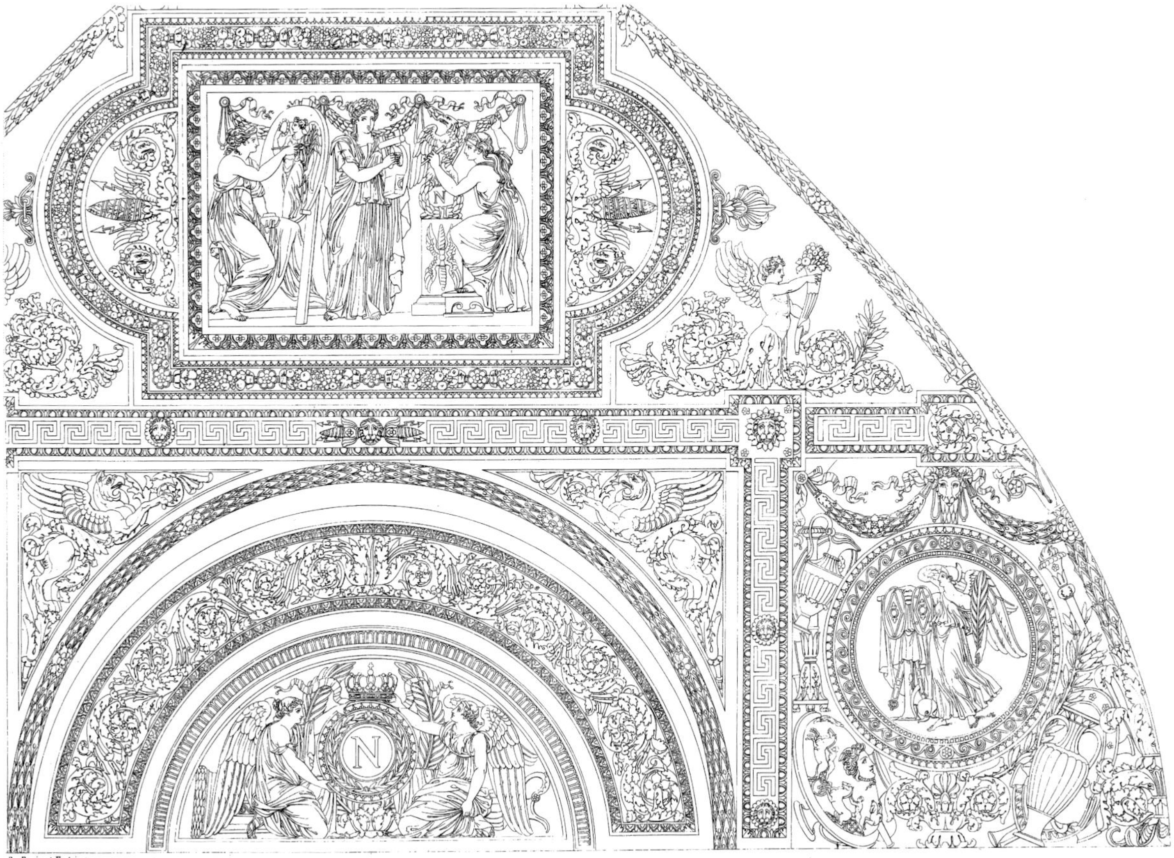

Par Percier et Fontaine.

PLANCHE LXIX

Décoration des voûtes de la salle de Vénus au Musée Napoléon au Louvre.

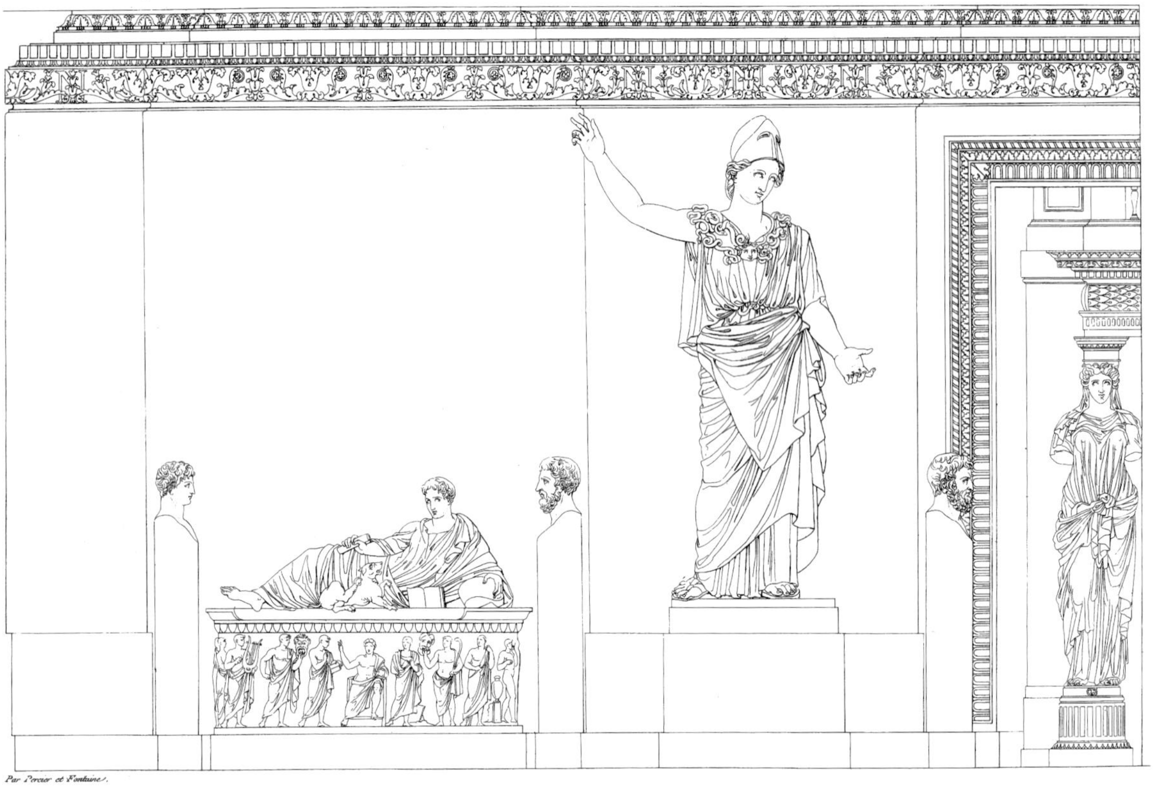

PLANCHE LXX

Façade de la Salle de la Vénus au Musée Napoléon au Louvre.

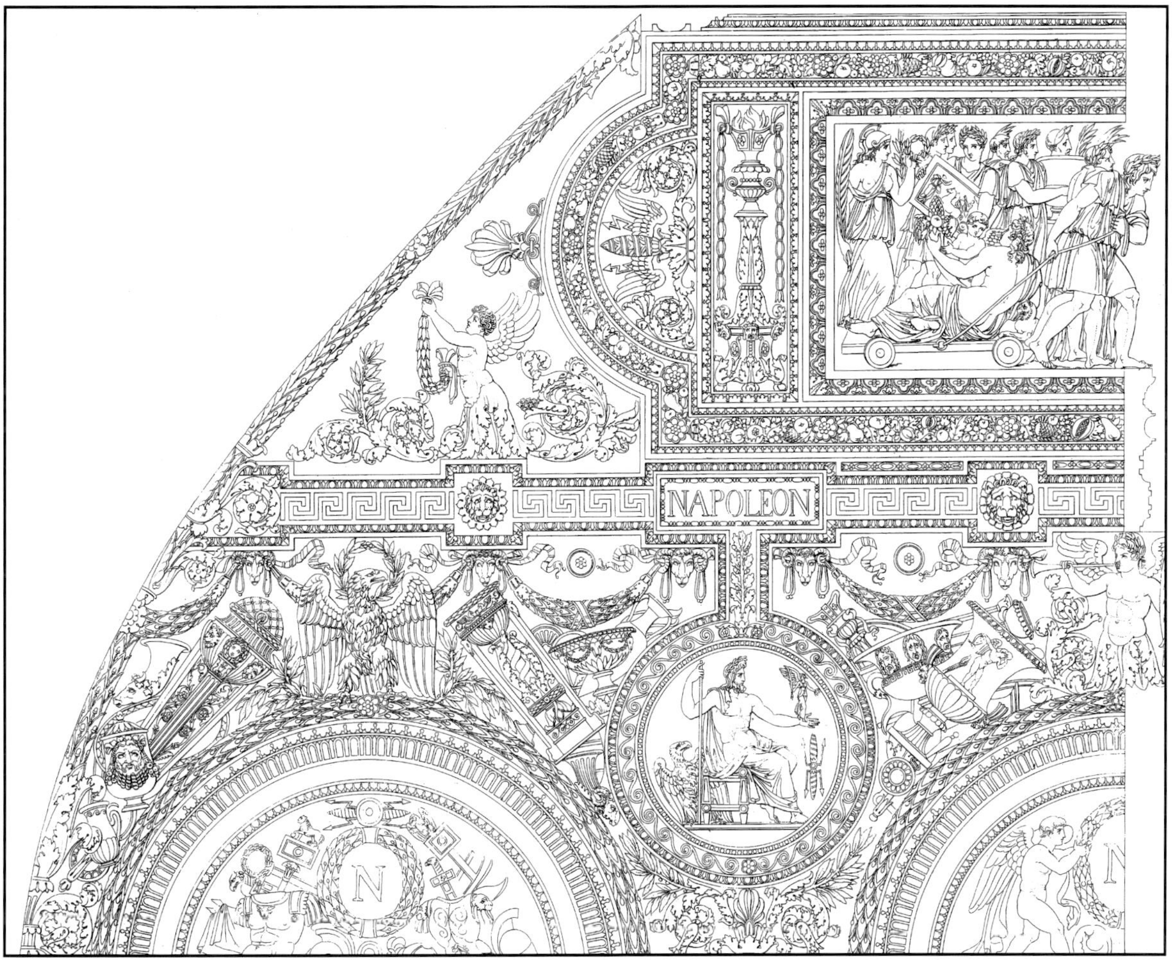

PLANCHE LXXI
Décoration de la voûte de la salle de la Vénus au Musée Napoléon au Louvre.

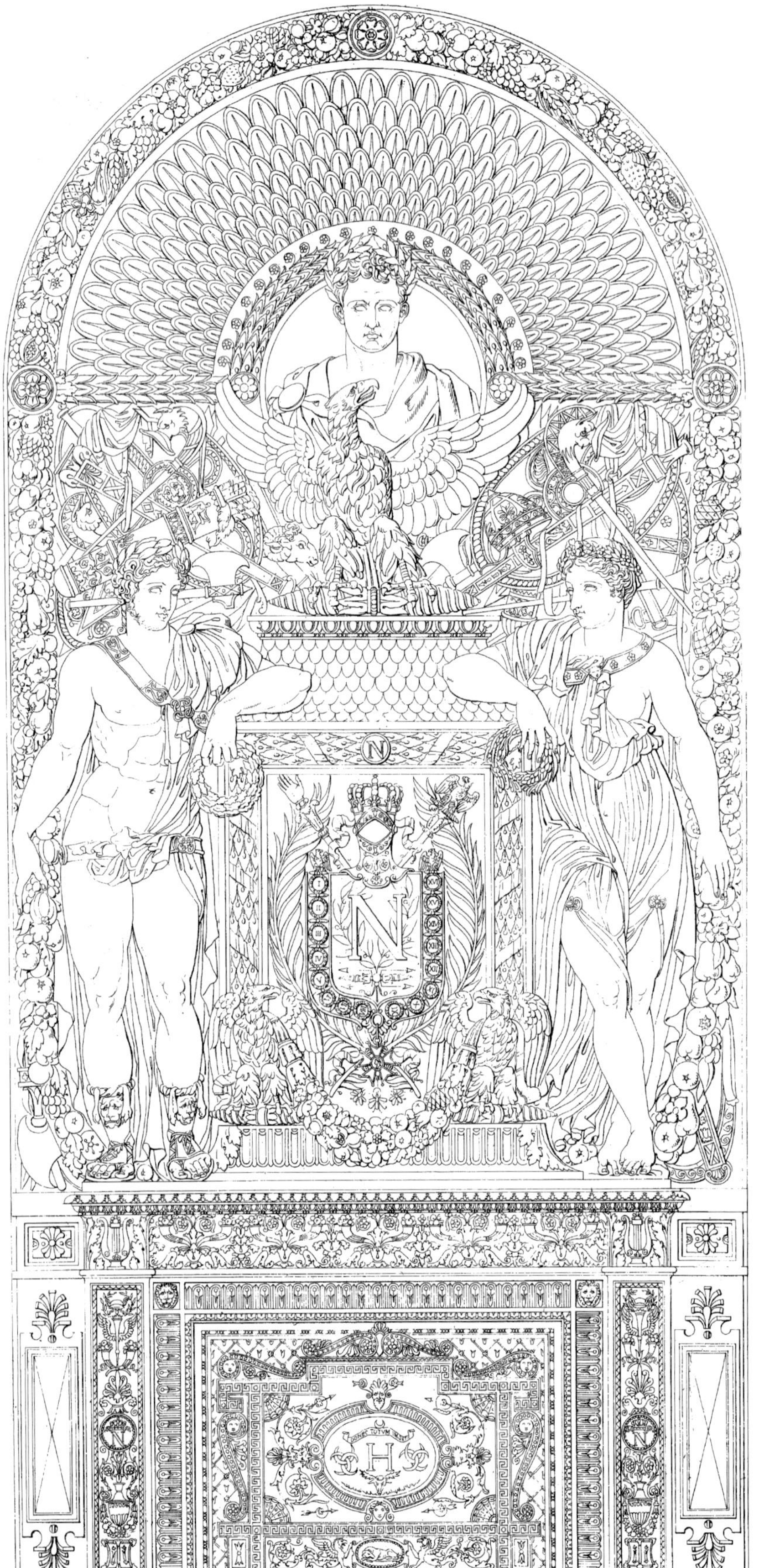

Par Percier et Fontaine.

PLANCHE LXXII

Cheminée de la salle des fleuves au musée Napoléon.

Les deux statues qui forment le sujet principal de cet ajustement ornaient autrefois la cheminée de la salle des Gardes du Louvre. Elles sont de la main de Jean Goujon, qui a fait les quatre belles cariatides portant la tribune que l'on remarque à l'autre extrémité, en face. Des changements de construction avaient occasionné le déplacement de ces deux beaux ouvrages. Ils étaient déposés en magasin. Lorsque le Louvre a été restauré et les salles basses consacrées à l'exposition des chefs-d'œuvre de la sculpture antique, on a cru devoir profiter de l'occasion qu'offrait l'achèvement de cette salle pour rétablir, autant qu'il a été possible de le faire, les choses dans leur état primitif, et rappeler dans la décoration de la cheminée, comme dans toutes les autres parties, le goût des arts au temps de Henri II. C'est pourquoi on a puisé les motifs des ornements nouveaux dans les ouvrages de Jean Goujon et de Pierre Lescot, artistes justement célèbres, qui, sous Henri II, furent chargés des constructions du Louvre, et auxquels on doit ce que ce palais a de plus remarquable.

Achevé d'imprimer en Février 1997
sur les presses de l'imprimerie Grafedit
à Azzano San Paolo - Italie
Dépôt légal 1er trimestre 1997
Isbn 2-84190-024-X